国家出版基金项目
NATIONAL PUBLICATION FOUNDATION

# 中华吉祥文化丛书

## 人生礼仪卷

刘德龙 主编
党红星 李纪昀 陆思东 著

泰山出版社 ·济南·

**图书在版编目（CIP）数据**

中华吉祥文化丛书．人生礼仪卷 / 刘德龙主编；党红星，李纪昀，陆思东著．-- 济南：泰山出版社，2020. 3
ISBN 978-7-5519-0546-6

Ⅰ．①中… Ⅱ．①刘… ②党… ③李… ④陆… Ⅲ．①中华文化－通俗读物 ②礼仪－文化－中国－通俗读物 Ⅳ．① K203-49 ② K892.26-49

中国版本图书馆 CIP 数据核字 (2020) 第 013370 号

**ZHONGHUA JIXIANG WENHUA CONGSHU　RENSHENG LIYI JUAN**
**中华吉祥文化丛书　人生礼仪卷**

**策　　划**　葛玉莹
**主　　编**　刘德龙
**著　　者**　党红星　李纪昀　陆思东
**责任编辑**　赵　雨
**装帧设计**　路渊源

**出版发行**　泰山出版社
社　　址　济南市泺源大街2号　邮编　250014
电　　话　综　合　部（0531）82023579　82022566
市场营销部（0531）82025510　82020455
网　　址　www.tscbs.com
电子信箱　tscbs@sohu.com
**印　　刷**　东港股份有限公司
**开　　本**　170 毫米 × 240 毫米　16开
**印　　张**　11.25
**字　　数**　220 千字
**版　　次**　2020 年 3 月第 1 版
**印　　次**　2020 年 3 月第 1 次印刷
**标准书号**　ISBN 978-7-5519-0546-6
**定　　价**　50.00 元

# 总　序

吉祥，《说文解字》释曰："吉，善也。从士，从口"；"祥，福也。从示，羊声"。此外，吉祥又为梵语，音译作"室利""师利""尸利"，又称为"吉羊"，如吉祥果、吉祥草、吉祥物等，多用于释家。后来，它与中华民族向善向好的美好生活追求相融合，形成了别具特色的中华民族吉祥文化。

吉祥文化在我国影响很大，它深深融入民众生活，不但形成了多姿多彩的吉祥民俗事象，深刻影响着民众的生活、思维、心理、精神，还形成了大量的吉祥语言，丰富了我国各民族的传统文化。

## 一、吉祥文化的产生

在我国各民族丰富多彩的生产生活实践活动中，在我国历代文化典籍中，都留下了大量的吉祥语言和吉祥事象，成为我国众多民族文化遗产中别具民族特色的一朵奇葩。

吉祥文化是在民众丰富多彩的生产生活中产生、传播和使用的，表达了民众对美好幸福的追求和探索，也体现了民众趋利避害的心理。例如，在农业习俗中，农家以立春作为一年农作的开始，在立春这天，过去有鞭春牛的习俗，现在的习俗则是集体"出行"，放鞭炮，并象征性地刨一刨土，说一套吉利话："一刨金、二刨银、三刨刨了个聚宝盆。"在商业习俗中，开业时往往张贴"金日开业""开门大吉"等吉利语。

我国春秋时期已经有"万寿无疆""天子万寿""南山之寿"等吉祥语的记载。那时的典籍《易经》更被认为是中华吉祥文化集大成者，也是中华吉祥文化的重要源头。它通过测算、预测，再配合某些方法避害趋利。例如关于数字,《易经》中就将其分为吉祥运暗示数、次吉祥运暗示数、凶数运暗示数、首领运暗示数、财富运暗示数、艺能运暗示数、女德运暗示数、女性孤寡运暗示数、孤独运暗示数、刚情运暗示数、温和运暗示数等多种。《易经》认为,“一”最大最吉祥,是“太极”;“三”最佳,象征天地人融洽相处;“八”象征八卦;“五”“九”为九五之尊。“见龙在田”就是吉象,象征有可能遇见贵人,得到重用,走出徒有其志的困境。吉、利、永、贞、元、亨等字,也成为我国吉祥文化中最有典型吉祥意义的表述。

吉祥文化体现的心理和意识,来源于原始信仰。吉祥文化产生于古人对生活的不安全感。先民对大自然带来的一切灾难,对自身疾病、瘟疫和死亡充满迷惑和畏惧,为了寻找精神庇佑,就产生了万物有灵的观念,并且创造了图腾,用以凝聚力量,表达人们避邪求吉的心理,这就是原始信仰。原始信仰后来演化为复杂的民间信仰,形成对观音、财神、土地城隍及家神、自然神等这些臆想的神,以及神话中的人物,或者所谓的精灵等的信仰。古人把这些信仰的对象当成自己贿赂的对象,通过向它们烧香、磕头、许愿,让它们给自己带来利益,完全把崇拜对象看成是自己的保护神。民间信仰与禁忌十分庞杂,包括自然崇拜、动植物崇拜、神灵崇拜、巫术等,也包括民间原始宗教、道教、佛教,以及民间俗信等内容。

人们还赋予动植物以吉祥的象征。如以麒麟为仁兽,认为龙是中华民族的象征,凤为百鸟之王,龟象征尊贵、安闲、长寿。仙鹤、喜鹊、鸳鸯、鸽子、麋鹿、雄狮、猛虎、牛、马、大象、鲤鱼、蝴蝶、蜘蛛等,都被赋予吉祥美好的含义。而花草树木有花有果实,也能够表示吉祥意义,如梅、竹、松、南瓜、长春花、杞菊、槐、红豆、石榴、橘、佛手、芙蓉等。在生肖中,十二生肖都可以构成大量的吉祥用语,表达丰富美好的情感。又如,在端午节,人们把插艾和菖蒲作为节俗的重要内容之一。家家都洒扫庭除,以菖蒲、艾条插于门楣,悬于堂中。还用菖蒲、艾叶、榴花、蒜头、龙船花,制成人形或虎形,称为“艾人”“艾虎”；制成花环、佩饰，妇人争相佩戴，用以驱瘴。

早在几千年前的《诗经》等文学作品中就已经有了许多美好的词语，丰富了我国吉祥文化的审美宝库。它们通过名言警句、优美的篇章、美好的故事，成为吉祥文化重要的载体和重要的创新平台、传播渠道。

明清时期，我国吉祥文化发展到了高峰，突出表现在剪纸、年画、对联、建筑、陶瓷、玉器、菜名以及刺绣、印花、请安祝颂等事象中和社会交际生活的方方面面。

## 二、吉祥文化的展现

经过几千年中国传统文化的传承与发展，吉祥文化已经非常繁盛。吉祥文化广泛深刻地融入了大众生活，在节庆活动、衣食住行日常生活中，在语言交际、非语言交际过程中，在生产劳动、商贸往来中，在婚丧嫁娶、庆典仪式中，在宗教信仰、精神世界中，都蕴含着大量的吉祥文化因素。徐华龙先生在其《中国吉祥文化》一文中，将吉祥文化分为物体吉祥、行为吉祥、语言吉祥、文字吉祥和数字吉祥等五类。宁业高先生则在其《中国吉祥文化漫谈》一书中将吉祥文化分为语言文字吉祥、祝词贺语吉祥、人名称号吉祥、地舆政域吉祥、天文生物吉祥、时令人事吉祥、衣食住行吉祥等七类。

大量的吉祥语言、吉祥词语，构成了吉祥文化的主要内容。它包括文明礼貌语言、吉利话、誓语、寿福禄语、诫勉语、祈语、问候语、祝贺语、颂词、口彩语、谐音语、委婉语等，是中华民族吉祥文化的主要载体。例如，道光十七年（1837 年）《临清县志》载，旧时下催妆时男家向女家赠一雄鸡，迎亲时，女家将雄鸡配以雌鸡一同送还，俗称“长命鸡”。在给新人铺床时，要撒栗子、枣、花生于床的四周，并且配上一些口彩乞巧话，如“今年吃了栗子枣，明年生个大胖小儿”；娘家在女儿妆盒内也放些麸子、盐，寓贤惠、有福，也寓“福缘”；在送亲途中，队伍前有撒“大吉”帖的，“大吉”帖用四方红纸书一“吉”字，寓吉日良辰。

祭祀是民众生活中的重大活动。在祭品上，讲究三碗菜、三碗水饺，每碗三个水饺，顺“神三鬼四”之说以表示所敬者为“神”；把用榆树枝扎成的挂满纸钱的树状物叫“摇钱树”；烧祭用的纸叫“黄表”“元宝”“金锞子”；香折了忌说“断”，而说“存”。并且在祭奠时每每都有一套讨口彩的顺口溜，如祭灶时，就说“灶君上天，有啥说啥，多加美言，少说闲话”，或说“上天去，您多言好事；下界来，您广降吉祥”。

交际场合，也有很多吉祥事象。例如，宴席必上鱼。以“鱼”谐“余”，表示虽然宴席要结束了，但幸福、快乐没有完结，仍然有余。新人结婚时，亲戚、邻居多赠送红枣、栗子等吉祥之果。在这里用“枣”谐音“早”，用“栗子”谐音“立子”，借此祝福新郎、新娘早生贵子。新娘下轿后，扬烟、栗子、枣、花生于其全身及院落，寓早生子、多子多孙、烟火绵绵；新娘入洞房前要在一个红杌子上坐坐，叫“坐坐性”，寓让其驯服；新娘迈过门槛时，脚要踏糕和筷子，谐音“高”“快”，讨“步步高、快发财、快生子”的口彩。有的新娘进房后，登床走一圈，象征着踩倒婆婆全家，不受夫权管束；新娘坐定床沿，就要吃“宽心面”，也叫“长汤”，谓不想娘家，面条顺滑，寓顺利；然后吃糕，并且故意煮不熟，主持人问新娘“生不生”，新娘一定要回答“生”；新婚之夜要灯烛长明，叫燃“长命灯”，寓意夫妻白头到老。

几乎所有的民间节庆，均有吉祥事象。如山东大部分地区春节必做年糕、枣山、豆腐。鲁中地区还做“团圆饼”，祈求年年高、全家福。鲁东南地区做“合菜”，用粉丝、胡萝卜丝等凉拌而成，红绿相间鲜美可口，象征和睦。元宵节多以灯卜丰歉，灯节时间为正月十四至十六，十四主麦，十五主谷，十六主豆，“正月十五雪打灯，当年有个好收成”。

“中国古典民居是中国古人生活与社会活动及精神世界的展现，是人居和环境和谐统一思想的体现，也是中国古代吉祥文化和各种吉祥物的体现。”[①]民居通过脊兽、影壁、门枕、墙、门等装饰，巧妙展示了吉祥文化。

房院建设过程中，也有很多吉利话。在选用建房木材时，往往以木材种类名称的谐音讨口彩，如用杏木做门，以求幸福；榆木做梁，以求余粮；松木做叉手，以求长寿。鲁西南地区喜欢用楝木做床，谐音“连子”。在安门窗时，要贴“昨日太公从此过，说是今日好安门”“安门大吉”“安窗大吉”“太公在此”的条幅或横幅。在上梁时要贴“上梁大吉”，以求吉利。梁上拴一红绸，吊一串铜钱，谐“十全”；门两边底石、影壁上刻、画蝙蝠、鹿，或书写“福”“禄”；院内多栽牡丹花、石榴树、槐树，把牡丹花称为“富贵花”，以为“榴开百子”“留子孙”。胶县（今山东省胶州市）有谚“门前一棵槐，不是进宝，就是招财”；滕县（今山东省滕州市）还有吃槐籽的祈子习俗，以求“怀子”。

此外，还有禳解时所用的一套吉利语，有的叫“巧话”，如吃了脏东西，便说“不干不净，吃了没病”；砸碎了器物，便说“旧的不去，新的不来”；钱物受了损失，便说“拿钱买寿，去钱消灾”。有的叫“顺口溜儿”，如杀鸡时，就说“鸡呀鸡，你别怪，你是我的一碗菜；有心不杀你，又怕那客来怪；罢呀罢，还是杀了罢”。有的很长，叫“佛儿”，如老太太抽烟时所唱：“我这个老嬷嬷儿八十八，耳不聋来眼不花，伸手摸起火镰匣儿，吃袋香烟解解乏。大儿做高官，二儿是探花；一对姑娘是灵芝草，一对媳妇是牡丹花。前院里一棵梧桐树，后院里一棵芙蓉花。梧桐树上落凤凰，一辈子一个状元郎，富贵荣华咱是头一家，我念弥陀佛。”

民众还喜欢吉利的数字，如衣扣的数量以单数为吉利，与扣眼合成双；送嫁妆、送粥米的人数喜双，取“成双成对”之意；以三、六、

---

① 陈燕：《浅析中国古典民居中的吉祥文化对旅游的影响》，《乐山师范学院学报》，2011年第26卷第5期，第78页。

九为吉祥数字，特别崇拜“六”，取“六六大顺”之意；又崇拜“八”，对“五一八”“八八八”等数字趋之若鹜；因为“七上八下”的成语，又崇拜“七”，寓意蒸蒸日上。

## 三、吉祥文化的表达

吉祥文化来自劳动，是在民众的生产劳动、社会生活、与自然和他人交往的过程中被发明创造、不断丰富、传承使用的。

首先，吉祥文化多用象征表意，即借助于一些常见的事物，表示吉祥的含义。例如春节时贴的对联，两句吉语，一方红纸，表示辞旧迎新，祈福增寿，内容多以耕读世家、万象更新、新春欢乐、福寿康宁、春山绿水、五谷丰登、繁荣昌盛为主。还要在床头贴“身体健康”，灯火处贴“小心烛火”，主屋正墙贴“招财进宝”，橱柜上贴“黄金万两”“鱼肉满橱”“衣服满柜”，院墙上贴“吉星高照”，牲畜栏门上贴“六畜兴旺”，车上贴“日行千里”或“牛行虎步，车动雷声”，门口对面墙、树上贴“出门见喜”，其他小件家具上，一律贴“酉”，谐“有”音，寓富有。除夕夜守岁，济宁曲阜一带要在中庭竖一竹竿，上悬灯笼，谓之“天灯”；济南平阴等地，使灯终夜常明，叫“长明灯”；而德州一带则将一捆谷草竖在天井之中点燃，用东西南北中五个方向代表五谷，谷草侧向何方，代表何处谷物来年丰收，叫“照天庭”“照田蚕”；济南长清则在大门外、村外烧蒿草“照天庭”；潍坊昌乐以“掌庭灯”代之；聊城东阿一带则布灯，陈设灯笼或拉出电灯来“照请”，旧时还烧“避瘟月”。这些活动，都具有一定象征意义。全家除夕吃的过年饭，也具有强烈的象征意义：一般主食是用大米和小米一块蒸的“干饭”或者水饺。菜肴讲究必须有鸡，寓“年年大吉”，有鱼，寓“连年有余”，全家人围坐在一桌，喝团圆酒。新年的第一顿水饺也很有讲究，鲁中一带常常包入花生、枣、栗子、钱币、糖块、麸皮等，祈求早得子、多子多福、人丁兴旺、生活甜蜜、发大财。煮水饺破时，不说“碎”“烂”“破”，而说“挣了”“挣了不少”，有时还故意弄碎几个，以讨口彩。

其次，谐音成趣。甲乙两个词语，甲词语的语音形式与乙词语的语音形式相同或相近，而乙词语又具有吉祥、文雅的意义内容，人们便以两词语语音相同为条件故意造成谐音双关,使两词的意义相沟通，以此喻彼,以求吉利。在此基础上形成某种风俗习惯,有的叫“意头”，有的叫“口彩”。民间春节贴福字，“福”以倒贴为好，讨“福到了”的口彩。为了强调谐音含义，民间还附会了许多故事。例如，贴福字据说是为了躲避姜子牙的老婆“穷神”，倒贴“福”字据说是马皇后为了避免朱元璋乱杀人。传说朱元璋让家家门上都贴“福”字，其中有户人家不识字，竟把“福”字贴倒了。第二天，皇帝上街查看，发现这家把“福”字贴倒了，大怒，命令御林军将这家人抓起来，满门抄斩。马皇后忙对朱元璋说：“这家人知道您今日来访，故意把福字贴倒的，这不是‘福到’的意思吗？”皇帝一听有道理，便下令放人。从此人们便将福字倒贴，一求吉利，二为纪念马皇后。在生育习俗方面，曲阜旧时习俗，女子婚后三年不生者，元宵夜到街上偷灯吃，一般偷刘姓（“刘”谐音“留”,寓意留住孩子）和戴姓（“戴”谐音“带”，寓意怀上孩子）的，民谣曰：“偷刘家的灯，当年吃了当年生；有了女孩叫灯哥，有了男孩叫灯成。”牟平、乳山、文登等地“剩”谐音“圣”，当地群众过春节蒸大饽饽临结束时，总要用剩下的几块小面团（有时干脆就是提前预备下的）捏几条头似龙或蛇、身上有刺的所谓“剩虫”。民间认为，有一种能使衣食剩余的神虫，老百姓用节日剩下的面团蒸“剩虫”，将它放在粮仓、囤子及衣橱里，祈求它会带来五谷丰登、衣食有余的好生活。此以“剩”寓“圣”,跟以“鱼”寓“余”有异曲同工之妙。“剩（圣）虫”是一个较常用的方言词。民间比喻某种东西长时间吃不完、用不完或者取不完，便会说“出来剩虫”了。这一带准备过门或过门不久的新媳妇，最希望穿上婆婆给她做的新棉裤，认为穿上婆家的棉裤，以后的新生活将会粮米成仓成库，吃穿不愁，家业兴旺。而婆婆常乐于满足儿媳这一不高的要求。其实，棉裤事小，讨个吉利事大。以“裤”谐“库”，取其寄托之义。

同样的，甲乙两词语音相同，而乙词语的内容与死亡、灾难等不吉利的意思有关，民间便采取某种方式加以避讳。避讳也是为了吉祥。古时候的渔民在渔业生产中缺乏安全保障，遇风浪造成翻船、死人的事情常有发生。久而久之，渔民们便形成一些求平安、保康宁、图吉利的迷信习俗。为了避开“翻船”的“翻”，甚至也避开与“翻”字相同的音，就称翻身为“划身儿”“划个儿”，称“帆”为“篷”，称“帆船”为“篷船”。为避开“完了”“了了”的说法，打完一船鱼叫“满了”，把酒喝完叫“把酒满出来”，如此等等。每到过年之时，胶东一带就要蒸一种很大的馒头，叫作“大饽饽”。蒸的时候，由于火势很猛，常常使大饽饽裂开口子，当地人叫“笑了”，从不说“裂口子”。笑是人的动作，当地人赋予饽饽“笑”的动作，更增加了喜庆色彩。

再次，还用冠以喜庆吉祥的字、词去称代、比喻事物。如用“喜”冠以生育词语，求子叫“拴喜”，怀孕叫“有喜”“害喜”，生孩子叫“添喜”，并到娘家“报喜”，备“喜蛋”。小孩出生后直到成年之前，又以红色庇佑其无病无灾，健康生长，如戴红肚巾、扎红腰带、钉红衣领子；每年端午节，用红布缝小鸡在帽子或衣袖上，再串上辣椒种，取名“鸡餐豆”，以祈不生水痘。传统的风筝多用人物、走兽、花鸟、器物等形象，或者民间喜闻乐见的神话故事，寓意福寿双全、连年有余、四季平安。

此外，还直接使用唱词，用表演性质的语言，表达吉祥的含义，有的叫“佛歌”，有的叫“巧话”。例如，大年初一敬天地，就有相关的吉祥歌词，供人们念叨：“大年初一天气寒，多拜老天一整年。金香炉，银供桌，两把烧香往上搓。五个供，五个馍，五碗干菜随和着，满堂儿女把头磕。”泰安则有上供歌：“大年五更地里寒，灶王老天整一年，金香炉，玉石桌，五碗供，三盘馍，五碗扁食往上托。先烧元宝后烧纸，大男小女把头磕，南无阿弥陀佛。”

最后，使用禁忌进行禁限，也是吉祥文化的一种表现方式。对于出行，从“父母在，不远游”，到“老不上北，少不上南”“老不入川，少不游广”，就是一种禁忌。旧时人出行忌“黑道日”，即每月的初五、十五、二十五不利出行；而“杨公忌”之日更是禁忌出门，即正月十三、二月十一、三月初九、四月初七、五月初五、六月初三、七月初一、七月二十九、八月二十七、九月二十五、十月二十三、十一月二十一、十二月十九，这些日子忌出行。时至今日，“三六九，向外走；二五八，赶回家”仍是大众的普遍习惯。

## 四、吉祥文化的传承

几千年来，中华传统吉祥文化随着中华民族优秀传统文化的传承创新，一直展现着鲜活的生命力，展现着我们民族的文化心理、文化渊源、情感方式，展现着伟大中华民族追求幸福、平安的美好愿望。

吉祥文化的传承是全面的。生产生活中节庆、交际、商贸、婚嫁以及姓名等各类吉祥文化都在继承中发展，在传承中创新。

姓名。不只是一个符号，在很大程度上，姓名代表的是父辈对后代的希冀。以前有的人家都会花钱请算命先生测孩子的生辰八字，通过五行（即金、木、水、火、土）的旺衰，预测未来喜忌，再用与五行相应的字命名。

年画。年画、剪纸等民间艺术，传承着吉祥文化。年画是喜庆、吉祥之物，能给新年带来好兆头；剪纸、红灯笼、鞭炮、窗花、福字，现在仍然是过春节的标志，烘托着喜气洋洋的节庆氛围。

中国结。一根线绳缠来绕去，环环相扣呈“八”字形，就叫“八结”，又叫“八吉”，原本是佛教法物的“八吉祥”之一，后成为民众喜欢的挂饰。

纪念币。通过经艺术设计的寿桃、蝙蝠、南瓜、藤蔓、莲花、鲤鱼、鸳鸯、并蒂莲等纹饰、图案、符号，再用借喻、比拟、双关、谐音、象征等手法，以此表现中国人的生命意识、审美情趣和民族性格。中国人民银行发行的 2015 年吉祥文化金银纪念币一套 8 枚，其中金币 4 枚，银币 4 枚。该套吉祥文化金银纪念币分别表现“五福拱寿”“瓜瓞绵绵”“年年有余”“并蒂同心”四大中华传统吉祥文化，为纪念币增添了一抹浓浓的吉祥色彩。

商标。商标是生产者在其商品或者经营标记上，由文字、图形或两者组合构成的，用于区别商品或者服务来源，具有显著特征的标志。借鉴传统吉祥文化，充分体现民族文化价值和意义的设计理念，用吉祥图案的“形”“意”“色”在商标中的创新再现，实现了形式美、形象美、意味美。①

吉祥物。南京举办的中国第十届全运会的吉祥物“金麟”，既是古都“金陵”的谐音，同时也是传统吉祥物麒麟。2008 年北京奥运会的会徽采用的是中国印，使用了吉祥色中国红。而 2008 年奥运会的吉祥物福娃系列更是传统吉祥符号的生动体现。

为了系统展现和传播中华吉祥文化，我们民俗学会的几位同仁从十年前便召开了一系列的吉祥文化研讨会，例如枣庄石榴与吉祥文化研讨会、聊城葫芦与吉祥文化研讨会，开始酝酿研究各类吉祥文化事象，提出了大约十几个选题，准备出版一套有关吉祥文化研究与普及的小丛书，并开始撰写各个选题的初稿。由于同仁工作变动等原因，原定的十几个选题，至今只陆续完成了九部，分别为语言卷、文字卷、服饰卷、饮食卷、商贸卷、民间艺术卷、民间信仰卷、动物卷、人生礼仪卷。

由于吉祥文化研究的融合度大，学术的边际范畴划分模糊，广义

---

① 参见陈苹：《论中国吉祥文化在商标设计中的运用与创新》，硕士学位论文，苏州大学，2007。

概念很大，狭义概念难以明确，所以，在写作过程中，我们确定了一些原则，首先，必须是吉祥事象、吉祥含义、吉祥语言，不论是哪一卷，所描述、叙写、论述的内容，必须具有吉祥的意义，以示与其他文化的区别。其次，对于相同的吉祥文化载体，按照各卷角度的不同，进行叙述和描写，各卷之间相互独立，单独成书。

还有一点需要说明：在语言风格、叙述描写、论述评价等方面，我们没有强求一致，体例上只划分了一级、二级标题，制订了一些写作规范要求，以便于各位作者能够呈现出各自的风采。

习近平总书记提出了“文化自信”这个宏大而坚定的命题，这给中华优秀传统文化研究和普及带来了又一个春天。泰山出版社高度重视这个选题，积极组织、多次协调，保证了这套书的出版。各位作者对原稿又加大了修改力度，最终使书稿定型为现在的这个样子。张廷兴、王加华两位教授统筹书稿，反复审阅，付出了心血。在此，我作为主编，对他们表示真诚的感谢。盼望本丛书能给读者带来对中华吉祥文化较为系统和感性的认知，一起弘扬中华民族的优秀传统文化。

是为序。

刘德龙

2018 年 5 月 30 日

# 目 录

# 前 言

从词语含义来看，吉祥的含义是丰富多彩的。《说文解字》曰，“吉，善也”；“祥，福也”，因此，“吉”“祥”二字的合义就是美好、幸福，组合起来可引申出诸多的吉祥含义，如诸事顺心、美满如意、幸福安康、福寿平安、长寿为福、天长地久、天作地合、加官晋爵、忠贞不渝、聪明有钱、儿女双全、好事成双、多生多育、传宗接代、后继有人等。显然，这些都是人们向往和追求的，都是吉祥寓意的体现。

追求吉祥是人们普遍的心理诉求，诸如采集、狩猎、渔业、牧业、农耕业、手工业、商贸、交通、餐饮、建筑、服装、庆典、医药等行业；诸如节日、音乐、舞蹈、游艺、民族、信仰、工艺、标志、语言、图案、故事、神话、歌谣、史诗、谚语、习惯语等方面，无不是吉祥文化生存延续的土壤，无不包含着丰富的吉祥文化和吉祥心理。而吉祥文化与吉祥心理，集中展现的载体是一致的，即“一个国家或民族中广大的民众”。①

一个国家或民族中广大的民众，既是吉祥文化的创造者，也是吉祥文化的享用者和传承者。普遍的趋吉避害的心理反应和心理需求，为人生礼仪民俗的产生提供了可能和前提。诸如寿诞婚丧、福禄寿喜、交际交往等人生礼仪民俗，实际是吉祥文化和吉祥心理的现实反映。人生礼仪民俗由吉祥心理孕育而生，而人生礼仪民俗一旦产生，就与人结成了“影子关系”，就注定要与人终生相伴，不离不弃。

吉祥是人类社会永恒的主题，人类对吉祥的追求永不停歇。

作为个体的人，一生求吉祥。一个鲜活的生命，一个或平凡或伟

① 钟敬文主编：《民俗学概论》，上海文艺出版社，2009，第 1 页。

大的“你”，总在“哇”的一声哭后，宣告来到人世间。你的诞生，忙坏了你的父母、爷爷、奶奶……报喜信、挑红子、踩生人、取名字、洗三儿、送小米、过六子、煮蛋子、请喜酒、过满月、理头发，这一切的一切，都是为了你的吉祥，都是为了吉祥伴你一生。抓周习俗后，你听着生日快乐歌，过完了你的第一次生日。一年一度的生日歌，伴你成长为少年、青少年，直至你长成帅气的小伙子，或者是漂亮的大姑娘。冠笄礼后，就到了谈婚论嫁的年龄。婚姻大事，不能儿戏，纳采、问名、纳吉、纳征、请期、亲迎，婚姻六道关，关关都要有吉祥相伴。

有时候生活的艰辛、工作的不顺、疾病的折磨，一连串的挫折、一连串的打击，接踵而至。顽强的你，不会屈服。向命运进行抗争，是你必然的选择。抗争的同时，你也会时时寻找精神的家园，寻求精神的解脱，寻求心灵的安慰。

人不是孤立的，是需要与他人交往的，需要关爱的，需要团体的，因此人是社会性的。

人的社会性，体现在多层面：人与人、人群与人群、部落与部落、民族与民族、国家与国家，都是人的社会性的体现。人的社会性，是交际礼俗产生的内因。在人与人的交往中，会产生不同的礼。相见礼有握手礼、叩头礼、万福礼、献哈达；拜访礼有扫庭院、敬香茶；探望礼有送鲜花、压压惊、脱草鞋，还有宴饮礼、祝贺礼、温锅礼……

我们应做的，就是珍惜每一天，追求吉祥如意，企盼国泰民安。

# 第一章　寿诞礼俗与吉祥

随着社会的发展与进步，寿诞礼俗逐渐呈现出多样性、复杂性的特点，所体现的吉祥文化和吉祥心理，也变得多样繁复。

## 一、生育礼俗中的吉祥

人生礼俗的第一礼，是诞生礼。诞生礼是人的生育礼、开端礼。这一礼俗主要包括求子习俗、怀孕习俗、分娩习俗、庆贺生子习俗及周岁习俗等。

1. 祈子求顺

早生贵子、延续香火，是我国的传统婚育思想。受这种思想的影响，婚后妇女早日怀孕、顺利产子就成为新婚夫妇及其家人的殷切期望，而妇女不怀孕，或者不能顺利怀孕，就意味着触犯了“不孝有三，无后为大”的大忌，尤其在封建社会，会被认为是犯了“七出”之条，往往被丈夫轻易休弃。

封建的婚育思想，使不能怀孕的妇女将希望寄托于其他方面，这就产生了求子习俗。求子习俗有很多，主要有拜神求子、以物求子、棒打求子、求子会、送子求子等。从习俗来看，无论哪一种形式，都体现了人求“顺”的心理，即顺顺当当怀孕。

向神灵祈求，达到顺利怀孕的目的，是比较普遍的求子习俗。为达到求子的目的，民间虚构了众多主管生育的神灵，这些神灵被称为生育神。人们又赋予这些生育神使妇女怀孕的功能，满足妇女求子心切的需求。主管生育的神，被民间奉为送子之神，送子之神因地域不同，称呼有所不同，如碧霞元君、张仙、送子观音、临水夫人、金花夫人、子孙娘娘、送子奶奶等。除地域差异造成神灵名称差异外，还有信仰群体的不同，造成了神灵信仰的差异，即不同的神灵，有不同的信仰群体以及不同的信仰区域。

民众普遍认为观音能送子到千万家，旧时的妇女尤其相信观音送子，所以观音菩萨在我国民间受到最广泛的崇拜。实际上，观音在佛教中并不是最高地位的神，但由于有了送子功能，在中国的影响力甚至比佛祖释迦牟尼还要大，这从数量众多的观音寺庙就可见一斑。而且，无论是寻常百姓，还是富豪大家、官宦人家、书香门第、行商人家，几乎都把观音当作尊神。

送子神多是娘娘神，但在送子神仙的队伍中，也有一位男神，名叫张仙。张仙的塑像较少，多为画像。《海城县志》有载："居民生子不育，率皆供奉张仙。其像张弓以射犬，群儿绕其下，谓能驱除天狗，则婴儿可保也。其神位概设于寝室门后，箭向外射。有子之妇女，或朔望,或朝夕焚香叩拜,年节则设香烛供品,与诸神并祀。"从记载来看，画上的张仙是一位穿着华丽、手持弓箭向空中射天狗的人，膝下往往还绘有一群神态各异的儿童，表现出张仙送子的功能。而且，民众也非常相信他能送子，经常上香祭拜他。

民众之所以认为张仙能送子，与一传说有关。传说张仙为五代时后蜀的皇帝孟昶。"世所传张仙像者,乃蜀王孟昶挟弹图也。"五代时，孟昶的父亲孟知祥在四川成都建立了后蜀,他即位不到一年就去世了。接替后蜀帝位的，是他年仅十六岁的儿子孟昶。孟昶在位期间，十分骄奢淫逸，据说他所用的尿壶也要镶嵌珍珠七宝。因他不思治国，只图自己享受，后蜀日趋衰落。宋太祖赵匡胤乾德三年（965 年）初灭后蜀，当时，赵匡胤入蜀宫时见到了孟昶的珍宝尿壶，禁不住感叹："享受到了这种地步，怎么会不亡国呢？"随即叫人把这尿壶拿去销毁。孟昶降宋后被封为秦国公，其爱妃花蕊夫人也被送往汴京，宋太祖贪恋其美色，将其纳入后宫，不久宋太祖就将孟昶害死。孟昶死后，花蕊夫人却没忘故主，常怀念他，并将其画像挂在房中时常祭奠。一天，宋太祖来到花蕊夫人房中，见到孟昶画像，狐疑地问："这是什么人？”花蕊夫人急中生智说：“这是蜀地供奉的张仙，经常祭祀他，可以得子。”后来此事传到民间，人们不知个中原因，就以为张仙能送子，是送子之神。

民众相信张仙能送子，更与另一传说有关。据《历代神仙通鉴》载，宋朝皇帝宋仁宗赵祯，五十多岁时还未得子，一天晚上，他梦见一位男子，衣着华丽，面若敷粉，五绺长髯飘逸下垂。这位美男子挟着弓弹，来到宋仁宗面前，说：“陛下因天狗守垣，故不得嗣。陛下多仁政，今天特为你用弓弹逐之。”宋仁宗向这位美男子询问其身世，这男子说：“我是桂宫张仙。天狗在天上掩日月，到世间专吃小儿，只要一见到我就会逃跑，只有他不在世间，世人才能怀孕。”宋仁宗听了大喜，一跺脚，却醒了。他马上命人按他梦中所见张仙的形象描绘了一张图，贴在宫中以祈子。又据郎瑛《七修类稿》载，苏轼的父亲苏洵曾梦见过张仙，后来，他向别人讲述梦中情境，并说张仙手里捏着两个弹子，可被认为是生子之兆，于是他开始供奉张仙神像，后来果然得二子，即苏轼、苏辙。为此，苏洵还写了《张仙赞》，以示纪念。

除观音、张仙送子外，北方妇女还普遍相信碧霞元君也是送子之神，而且向其膜拜，据说非常灵验；南方妇女则非常相信金花夫人是送子神仙，故旧时的广州有很多地方设金花庙，奉祀金花夫人。

俗信认为金花夫人也能送子，据《番禺县志》记载，金花本为民间一女子，十余岁就做了女巫，人们称她为“小仙姑”。在端午节时，金花于湖边观看龙舟竞渡，不小心掉进了湖中，溺水而亡。死后尸体浮上湖面，奇怪的是，在她的尸体旁，却有个香木偶像，酷似金花夫人生前模样，人们大为惊奇，认为金花并非凡人。于是，民众便为其立祠，把香木偶像当作金花夫人神像供奉。民众经常前去祠庙内求子，结果十分灵验，久而久之，金花成为远近闻名的送子神仙。

关于金花夫人为何能给人间送子，使无子嗣者顺利怀子，还有一种说法，与广州某一巡抚夫人有关。某年，巡抚夫人分娩，生了数日，孩子一直生不下来。家人十分着急，一天夜里，夫人梦见一神人告知，请金花来即可顺利分娩。巡抚夫人醒后，与巡抚大人说此事，巡抚马上派人秘密查访金花女，最后找到她，并将她请到衙门，金花来后，巡抚夫人果然顺利生下了孩子。但按旧俗，未婚女子不应参与接生之事，否则，姑娘难以出嫁。金花还是未婚女子，因帮夫人接生，无人敢娶，金花非常悲愤，于是投湖而亡。当地人出于同情，为她制成金花偶像，立祠供奉，称其为“金花小娘”，定每年农历四月十七日为其诞辰日。

为了顺利怀孕，民间女子还经常举行一定的仪式，来达成顺利求子的目的。其中，比较典型的就是“拴娃娃”求子习俗。“拴娃娃”，又叫“拴孩”“拴喜”，就是在神像前的供案上，放置很多造型十分可爱的光屁股泥娃娃，娃娃全是男孩，都留着刘海，露着“小鸡鸡”。通常求子之人，到庙里交上喜钱，就可从众多泥娃娃中选一个，拿红绳往其脖子上一套，然后把娃娃的“小鸡鸡”掐下来，带回家泡水喝，认为这就是把娃娃拴来了，日后定然会顺利怀上宝宝。

向神灵祈求生子，也不一定完全顺利应验，人们就常常转向他法，如“以物送子”或“偷物送子”。“偷物送子”是指借助于特定物品的谐音或形象寓意，满足怀孕期盼。如有的地方，通过偷灯，期盼顺利怀孕，因“灯”与“丁”音近，偷灯，亦即偷丁，这是祈求“添丁进口”。还有的地方，是偷茶壶把、杯子把，凡是带把的，大喜之日都可偷走，事后再还回，意思是“给你一个带把的”。还有些地方，求拜麒麟，达到顺利怀孕的目的。麒麟是我国传统吉祥物，为仁兽，传说能为人带来子嗣。

民间还常常认为，妇女不能顺利怀孕，是由于身上有邪祟，只要消灭了邪祟，就能趋吉避凶，顺利怀孕。于是，很多地方就在每年正月十五，由其亲邻持竹杖拍打新妇，目的是赶走妇女身上阻挠其怀孕的邪祟，使其正常怀孕。

2. 怀孕求安

不论是自然怀孕，还是祈子怀孕，只要怀了孕，人们的心理就是相同的，那就是十月怀胎不仅要顺当，更要安全，要确保母亲营养充足，胎儿平安成长。

怀孕后为了胎儿的安全，民间习俗在行为方面、饮食方面等都做出了很多约束性的规定。行为方面，夫妇不能同房，如上海郊区旧时有“送分床铺”习俗，就是娘家在女儿怀孕三个月时，送至婿家单人床一张，促使其分床而眠，以免夫妇性事导致胎儿不保。孕妇应避免看一些不常见的动物和丑陋的人，以免吓着自己，冲犯胎神，造成流产；孕妇外出，忌讳参加婚礼或者葬礼，避免大喜大悲，冲撞了胎气，造成胎儿的不安全。

在饮食方面，也有种种限制性规定，或者是禁食性规定，如孕妇不能吃兔子，以免所生小孩成“豁嘴”，即兔唇。这一习俗由来已久，东汉王充《论衡·命义》就曾提到了“妊妇食兔，子生缺唇”之说。又如孕妇不能吃狗肉、驴肉等，以免所生孩子爱咬人，或者是个“驴脾气”——不听话。

为了胎儿的健康成长，还形成了胎教习俗，这一习俗由来已久。古人云：“席不正不坐，割不正不食，听诵诗书讽咏之音，不听淫声，不视邪色。以此产子，必贤明端正寿考。”[①]这就是说，以善教胎儿，则可以培养胎儿的善行，所以，古人认为“妇人妊娠必慎所感，感于善则善，感于恶则恶”，准妈妈要实行胎教。胎教不仅培育胎儿的性情，也能增加胎儿的活动量，使胎儿得到锻炼，使胎儿成长更有活力、更安全、更健康。

3. 分娩求顺

“十月怀胎，一朝分娩”，经过二百八十天左右的妊娠期，人们所期盼的就是孕妇能顺利分娩。这种吉祥祈求从众多与分娩有关的习俗中可体现出来，如很多地方的催生习俗，就是非常有力的佐证。所谓

① 张华：《博物志》卷十，重庆出版社，2007。

催生习俗，就是在孕妇将要分娩时，由娘家送婴儿出生后所用之物，以此催生，而旧时婴儿所需之物常用担子挑，故此俗又称为“催生担”。

女儿顺利生产、快速生产、少受痛苦、少受磨难，是娘家人的殷切期望，不仅现代人如此，过去的人也是如此。如宋代杭州，“杭城人家育子，如孕妇入月，期将届，外舅姑家以银盆或彩盆，盛粟秆一束，上以锦或纸盖之，上簇花朵、通草、贴套，五男二女意思，及眠羊卧鹿，并以彩画鸭蛋一百二十枚、膳食、羊、生枣、栗果，及孩儿绣绷彩衣，送至婿家”[①]，这是以面做成眠羊、卧鹿，送去婿家，有催促快生顺生之意。

送婿家小孩所用之物，预祝顺生，毕竟只是一种愿望，愿望能否实现还要视实际情况而定。分娩是否真正顺利，除孕妇自身原因外，接生婆的选择及接生的方法至关重要，因此，也形成了与此有关的接生习俗。

为保证顺利生产，旧时多请有接生经验的老妇接生，这就形成了请接生婆习俗。接生婆接生经验丰富和方法正确，是顺产的关键，尤其是在处理难产、横产等特殊情况时，经验更为重要。

女子分娩时，民间也常有把家中所有带门的家具的门全部打开的习俗，如把房门、箱子门、柜子门、橱门、屋门，甚至大门等，通通打开，以期胎儿顺利出生。

为了求得顺利分娩，民间还有相关的信仰。临水陈夫人是福建地区普遍信仰的顺产女神，传说她能帮助妇女顺利分娩。至于为何称作临水陈夫人，而且又具顺产神职，民间传言和文献有不同说法。据《三教源流搜神大全》记载，临水陈夫人，又叫作陈靖姑，是唐朝人，祖居福州府罗源县，其父曾官拜户部郎中，母亲葛氏。是时，村里闹大蛇妖怪，村民只好买童男童女供祭大蛇，正巧被观音撞见，观音见此

---

① 吴自牧：《梦粱录》卷二十，浙江人民出版社，1984。

地恶气冲天，知有妖孽作害，便变出一道金光，直透村妇葛氏之腹，让其感孕，葛氏于唐代宗大历九年（774 年）正月十五生下了陈靖姑。陈靖姑非凡人，初生之时，就有瑞气祥光罩体，异香绕身。陈靖姑十七岁时，带剑斩杀为害一方的大蛇，除掉了妖怪。因此，她立了大功，此事传至朝廷，皇帝封她为“顺懿夫人”。

后来，皇后难产，生命垂危。陈靖姑知道此事后，入宫用法术帮助皇后顺利生下太子。皇上非常高兴，就敕封陈靖姑为“都天镇国显应崇福顺意大奶夫人”，并在古田建庙祭祀陈靖姑。

官方的赏封，使得陈靖姑声名大震，民间也愈加相信她法力强大，能帮助妇女顺产，能催生护幼、除奸灭妖，陈靖姑遂成为送子之神、助产之神。

4. 生子添喜

孩子呱呱坠地的那一刹那，全家人都松了口气，喜上眉梢。

尽管男孩女孩有区别，生男孩被称为“弄璋之喜”，生女孩被称为“弄瓦之喜”，但喜庆吉祥的主题是一样的。孩子一出生，喜庆吉祥的气氛就充满整个家庭，甚至是整个家族。

各地“报喜”方式不同。很多地方有“送喜果”“送喜蛋”的报喜习俗，如旧时开封一带，生子类似生蛋，故此地以鸡蛋为生子象征。头胎产婴的当天，女婿就要拿熟鸡蛋到岳父家报喜。婴儿性别不同，鸡蛋数也不同，若生男儿，熟鸡蛋要六个或八个，必为双数，并且用红颜色染鸡蛋，还要在鸡蛋一端，用墨或锅底炭涂一黑点，表示“大喜”；若生女孩，鸡蛋必为单数，即五个或七个，

添丁报喜图

而且，鸡蛋也用红颜色染过，但不涂黑点，表示“小喜”。报喜后，岳父岳母家要回礼，即烙面饼一张，令女婿带回，女婿沿途要撕碎饼喂狗，直到散尽为止。民间认为，用代表婴儿“本命”的面饼喂过狗后，就可保婴儿免于夭折，顺利长大成人。当地人们常称孩子为“狗剩子”，即源于此。

还有些地方，报喜习俗搞得非常隆重。旧时在河南很多地方，富裕人家生子报喜，会抬食盒、酒坛，赶两只褐山羊，在其项系铜铃，一路叮当作响地报喜，这种报喜习俗，声势浩大，目的就是让更多的人知晓。中华人民共和国成立后，当地的报喜习俗有一定程度的改变。报喜时，会将装有“喜帖”的小木匣装入钱袋，让一童子背着，前去报喜。生男孩用左肩背，生女孩用右肩背，即“男左女右”，而且，还要求一路不准换肩，一直走到岳父岳母家中，是男是女，岳父岳母家一目了然。然后，岳父岳母家要用油饼、疙瘩汤等热情款待报喜者，但绝对不让报喜者吃面条，俗信认为，用面条款待报喜者，预示着婴儿将来爱流鼻涕。

在众多报喜习俗中，又以汉族某些地方或某些少数民族的提鸡报喜习俗较为普遍。而中原一带的提鸡报喜与南方某些地区提鸡报喜又有着不同程度的差异。

中原一带提鸡报喜，所提之鸡的性别，与所生婴儿性别是一致的，即若生男孩，则抱公鸡报喜；若生女孩，则抱母鸡报喜。据旧时地方志记载：“新乡县初生男女，三日报喜。抬礼盒，用米、面、鸡、酒之类。男用雄鸡，女用雌鸡。母家但受酒，余物各添少许。鸡之雄者，配以雌，雌者配以雄。仍令抬回。”在河南上蔡一带，有男方长辈到女方家报喜的习俗。报喜时，也是提鸡

生男抱公鸡

前去，还要带一些常礼，当然，所提之鸡，与婴儿性别也是一致的。

云南彝族的风俗是，生孩子后，姑爷要到岳父岳母家提鸡报喜，但与中原有所不同，或者正好相反，生男孩抱母鸡报喜，生女孩抱公鸡报喜。岳父岳母见到鸡后，就知晓所生孩子的性别，然后以换鸡的方式回礼，即姑爷抱来母鸡，就换公鸡；抱来公鸡，则换母鸡。姑爷对岳父岳母所回之鸡，要精心饲养，不准杀吃，当地俗信认为，抱到岳父岳母家送喜讯的鸡，仅仅是报信之用，而换回的鸡的性别才是婴儿的真实性别，即为婴儿的“本命属性”，故此鸡不能杀掉。

在山东胶东一带的某些地方，报喜习俗又有所不同，此处是通过“挑红”或“挂红子”等方式向乡邻报喜。这种习俗，实际是传统习俗的演变，在《礼记·内则》中，对于生育有“悬弧”“设帨”之说，所谓“悬弧”就是生男要在大门左边挂一张弓；所谓“设帨”就是生女要在大门右边挂一佩巾。这种遗风传到现在，形成了某些地区生男挂箭、生女挂红布的习俗。这些习俗除了有报喜的吉祥意义外，还有某些象征意义：挂箭，象征男孩身体强壮、能打能武；挂红布，象征女孩将来能纺能织。

随着时代的发展，报喜方式又有了新的发展。如现在一般是首先打个电话，给父母、亲戚朋友报个喜，如果报“生了个花钱的”，就是生的男孩，生个女孩就说生了个“锅头拽”。[①]

虽然现在电话报喜很方便，但出于礼节，有很多地方，除了电话报喜外，还必须结合传统报喜习俗，尤其是对于“老泰山”一家更是马虎不得，必须要亲自去。女婿要带着相应的物品前去报喜，如山东临朐，生男孩则带笔或书，若生女孩，则带梳子或花。

5.“踩生”求吉

望子成龙、望女成凤，是父母对孩子的殷切期望。孩子越有出息，

① 参见高晓虹：《章丘方言志》，齐鲁书社，2011，第27页。

父母就越高兴。因此，期盼孩子将来成才、飞黄腾达、成龙成凤，在诞生习俗中常有体现，尤其是在“踩生”习俗、取名习俗中表现得更为突出。

所谓“生”，是指婴儿出生后遇到的第一个外人。民俗认为，婴儿将来的命运与其出生后遇到的第一个外人有着某种直接的关联，即婴儿将来的命运，与遇到的第一个外人的相似。这一习俗在民间是被极为重视的。

如何看待“踩生人”，父母常表现出两种相反的态度，一是采取欢迎的态度，这种态度来自一则传说。晚唐时，杭州临安县有个叫钱二的人，其妻于某晚梦见一条蜈蚣钻进自己肚里，之后不久，便有了身孕。钱二非常害怕，认为这是虫精投胎，就时刻想着将这孩子弄死。妻子分娩那天，钱二觉得机会来了，于是亲自侍候临盆，想等孩子落地，就把这个孩子溺死。

正在钱二找来一个水桶，将孩子放到里面，准备淹死他的时刻，隔壁王婆来钱家取灶下火，刚进门来，就听到婴儿大声地啼哭，她赶紧掀起门帘，一步踏进门来。看到了眼前的一切，王婆甚是着急，飞快地冲到钱二跟前，一把将孩子夺过，就此保住了小孩性命。因为孩子之命是王婆强留下来的，所以，父母干脆就为他取名“婆留”。没想到，婆留长大后做事非常成功，竟当上了吴越王。婆留因嫌本名太俗，就改名为“钱镠”，同时，又把王婆当母亲一般供奉。此事一传十，十传百，人们都说孩子出生后，最关键的是遇到的第一个外人是谁，如果遇到像心慈面善的王婆这样的人的话，孩子就洪福齐天，有好运了。因此，很多地方是非常喜欢踩生人的，尤其是品正貌端、事业有成的踩生人，更受到新生儿父母的欢迎。

踩生人是孩子偶遇的第一个外人，带有极大的不确定性。所以，父母很难保证孩子遇到的踩生人是好还是坏，很难保证孩子将来的命运，所以，从实际情形来看，民间对踩生人持不欢迎态度者居多。如清代康熙年间《隰州志》记载，“初生子，禁生人入室，插稻秆于门，男二女一”。这种产婴之后于门前悬物示禁的习俗，在其他地区也是常见的。

现实中，冒失或无意闯入产房的现象经常发生，因此，为了孩子美好的未来，很多地方又将此俗进行了变通，如冀中一带，若有生人无意间进入产房，致使正在吃奶的孩子撇掉奶头，看到了踩生人的话，踩生人就必须与产妇互换腰带。还有的地方习俗认为，无论踩生人好与坏，都不能进入产房，否则，会冲撞了孩子将来的财气。倘若有人闯入了产房，孩子父母可遵循习俗进行破解，如父母必须马上将一块烧得通红的炭浸入一小盆水中，并用手指蘸起一点水，迅速地向婴儿轻轻弹去。还有的地方，是让无意闯入的人喝一碗冷水，来冲刷掉孩子的晦气，重新捡拾起孩子被冲撞的财气。

既然不能避免冒失者闯入产房的可能性，就产生了索性直接选定踩生人的习俗。如侗族，若生男孩，就请一位符合条件的女客，让其第一个进屋；若生女孩，则请男客第一个踩生。

被选中的踩生人，对自己被选中这件事也有两种不同的态度。有的地方，被选为踩生人者，以之为美事、乐事。对湘西的土家族和苏北地区的居民来说，被邀踩生成为一种至高无上的荣耀，而在有些地方却恰好相反，被选为踩生人者，不以之为荣，反以之为灾。他们认为，进入产房，就意味着进入“血地”，而践踩“血地”，必然会招灾惹祸，所以，被选者往往会选择躲避。为此，主人家为了让踩生人踩生，往往要敬之以甜酒、鸡蛋之类，表示感谢；同时，以这些礼物敬献，也有为对方祛除不祥之意。主人家的热情与盛情，通常会使得踩生人难以拒绝，并说出很多吉利话，而这正符合主人家的心意。为了表示感谢，有些地方，在踩生之后，还要再选日子，邀踩生人来家赴宴，并请他看望婴儿，为婴儿祝福。

6. 取名大吉

取名习俗，亦是父母期盼孩子成龙成凤或健康成长等各种吉祥心理的体现。父母为孩子所冠之名，无不体现了父母的种种美好寄托。

首先，很多地方，常有通过给孩子取贱名，希望孩子健康成长的习俗。这种名字往往让人感觉很土，甚至很傻，如丑丑、小赖、二傻、傻妮、二愣、傻蛋等。当然，这种取名也带有亲昵的成分，如山西取名常用“蛋”字，很多人家生的几个孩子，常分别被称为大蛋、二蛋、小蛋等。

取贱名的习俗源于民间的信仰，即认为人的成长有时候和动物一般，名字越贱越容易成活，所以，民谚常说“赖孩子”好养活，越赖越不得病。因此，有很多父母干脆直接用动物名称给孩子起名字，如大狗子、小狗子、大猫、二猫、阿羊、阿牛、阿猪、小兔等。

人们总希望能将生命尽量延长，最好能寿与天齐、命与日长，由此，以与此相关的字词为名的也不少，如延寿、承寿、增寿、天寿、延年、万年、永年、大年、龟年、万龄、延龄、松龄、鹤龄等。姓名中，多有老、叟、翁、父(甫)等字，也是父母对孩子能有耄耋之寿的一种殷切希望。旧时父母害怕孩子早年夭折，因此，在很多姓名中，又有了消除灾难、祛病消疾、逢凶化吉、身体结实健壮的美好寓意的体现，如霍去病、辛弃疾、冯去疾、黄去疾、司马消难、石保吉、孙逢吉、石头、铁蛋、铁柱、金锁、银柱等。

吉天相、平步青、程万里、任唯才、任卓群、江不凡、石惊天这几个名字，分别有吉人天相、平步青云、鹏程万里、唯才是举、卓然超群、不同凡响、石破天惊的含义。这些含义，从不同角度、不同侧面，反映了父母对孩子成龙的期望。当然，还有非常多的姓名，直接用龙或凤字，寄托了父母对孩子未来美好的希望。

希望孩子长大后能金榜题名、为官一任、造福一方，也是为人父母的普遍期望，基于这一吉祥心理，孩子的名字也多有诸如范新科、裘状元、唐殿魁、许占魁、黄开榜、魏魁士、王延魁之类。自隋唐以来，人们一般要通过科举考试获取功名。民众也普遍认为，一旦金榜题名，就会拥有荣华富贵，功名与富贵是相连的。因此，期望孩子长大当官富有，并据此给孩子起名的也非常多，与此相关的名字有李广利、刘富有、盖宽饶、王富贵、钱广财、吴寿富、孙福寿等。除了当官致富外，还可以通过其他方法致富，这一心理从名字上同样可以体现出来，如李商富、王道贵、张义有这三个名字，其意义分别为通过经商可以致富、经商有道才能富贵、以义取利也可变得富有。

体现父母希望孩子吉祥富贵、成龙成凤取名心理的，还有很多字，如福禄、福寿、福喜等字的组合，又如贵、财、德、才、仁、康、文、杰、士、光、世等。

我国先民崇拜万物，认为江河日月、天地星辰、一草一木、一树一花、一石一鸟、一山一水，甚至人类所造出的一切物体，如一桥一路、一门一锁等，无不具有灵魂，因此，就产生了万物有灵的观念。以万物之灵佑护孩子，以万物之名给孩子取名的习俗也比较多。若以天保佑，名字中多有“天”字，如天佑、天助、天赐、天寿、天泽、天威等；若以石保佑，名字中须有“石”字，如石生、石养、石保、石寿、石和等；若以桥保佑，名字中须有“桥”字，如桥保、桥仔、桥石、桥基等。少数民族中，亦有类似取名习俗，即以自然之物为名，取保佑之意，如蒙古族中的“娜仁”（太阳）、“萨仁”（月亮）、“敖登”（星星）、“其其格”（花儿）、“塔娜”（珍珠）、“哈西”（玉石）。

希冀孩子将来成为孝顺懂事、品德高尚、仁义忠智信之人，是父母对孩子美好未来的一种期盼，因此，给孩子冠以孝、德、仁、信等名的也颇多，如奉孝、孝先、敬先、念祖、奉先、孟德、玄德、国忠、世忠、献忠、智信等，而以此作名并在历史上有相当作为的也不少，如郭奉孝、方孝孺、曹孟德、刘玄德、杨国忠、韩世忠、张献忠、韩信、单雄信等。

还有不少父母，为了图吉利，直接用吉祥物之名为孩子取名，如人们多认为龟为长寿之物，在古代，乌龟与龙、凤、麒麟被誉为“四灵”，同属于吉祥动物，因此，常被人们用作人名，以图吉祥。

不仅姓名中能直接表达人们的美好期盼，在很多辈分、字号中，也有同样表达。如有的地方以“顺”为辈分，同辈兄弟名字中都有“顺”

字，组合成名，如顺泰、顺宝、顺福、顺根、顺来等，充分体现出吉祥的美好寓意。

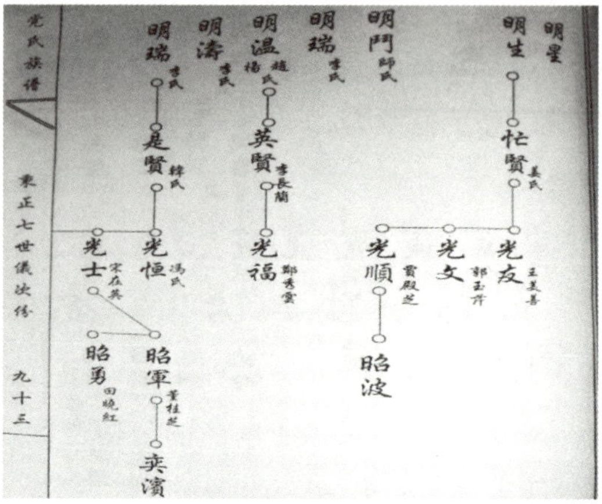

族谱

7. “洗三”祛灾

诞生礼俗中，还有“洗三”仪式，即在婴儿出生后第三天，举行沐浴仪式。仪式的目的就是洁身，以求得消灾免祸，大吉大利。

洗去身上的污垢，干干净净地来到人间，快快乐乐地生活，是父母的期盼。在洗去婴儿身上的污垢、保持婴儿清洁的同时，还有一个重要的作用，就是通过“洗三”，祈求新生儿无疫无灾、无病无害。水在我国原始信仰中，被认为是生命之源。水具有生殖力量，生殖力量又是生长力量，用水洗浴婴儿，其象征意义十分明显，即为婴儿灌注生长力，让其快速健康地成长。

显然，“洗三”的关键之一是洗涤用水，各地用水不同，洗涤用水习俗也不同。

我国台湾有很多土著有取用天然水浴儿的古老习俗。新生儿诞生后，就被带到山溪、河流处，用天然水洗浴。我国其他地方也有这种冷水浴婴习俗，如旧时浙江北部地区有“过水”仪式，即是“洗三”

习俗的变异形式。这种习俗发生在小儿生病之后，家人先是焚香祷告，然后再由父母抱小儿寻溪下水，踩水走数里再上岸，最后住于别家或别村。

“洗三”还演变成不同形式。如有的少数民族，是在婴孩头上滴几滴泉水，象征已给婴儿洗浴，寓意孩子生命如天然清泉，长流不息。还有的地方，将洗浴改成了擦洗，就是用少许冷水，象征性地擦洗婴儿的身体，其意义也非常吉祥，天然之水是纯净、一尘不染的，用它擦洗婴儿身体，可使婴儿充满生机。

更多的地方，并不是纯粹用水洗浴，而是要加一些辅助材料，混合起来洗浴。山东有些地方，是用树根加水洗涤，如用桃树根、李树根、梅树根各二两，加水煎煮洗浴。也有些地方，如江苏镇江是用中药药草陈艾、菖蒲、姜葱等熬水洗浴。还有的地方，则是用芬芳宜人、香味扑鼻的花草加水洗涤，或者用野花野草加水洗涤。

更有意思的是，山西某些地区，加入水中的洗涤料严格讲究吉祥寓意。“洗三”习俗早已有之：“亲宾盛集，煎香汤于盆中，下果子彩钱葱蒜等，用数丈彩绕之，名曰‘围盆’。以钗子搅水，谓之‘搅盆’。观者各撒钱于水中，谓之‘添盆’。盆中有枣子直立者，妇人争取食之，以为生男之征。浴儿毕，落胎发，遍谢坐客，抱牙儿入他人房，谓之‘移窠’。”[①]

还有的地方，加入水中的料是钱币，如宋时闽地百姓三日洗儿，家人及宾客都带葱、钱，以祝此儿聪睿、多财。在水中加入钱币之后，通常还要用银钗搅搅水，此寓意更是鲜明，洗浴水已不是一般的水，已成了银水、富贵水，家人以此水为婴儿洗浴，祈望婴儿将来大富大贵、多银多财。

“洗三”习俗，其吉祥意义还体现在洗浴过程中。有些地方，在

① 孟元老：《东京梦华录》卷五，中州古籍出版社，2010。

为婴儿洗浴时，要有助产老妇在一旁念念有词："祝你健康。"还有的地方是在装水浴盆中放置或抛撒吉祥物。还有的地方为婴儿洗浴的过程很长，参与人员众多，充分表达出洗浴的吉祥味，如乌孜别克族，有送四十份水礼的习俗，即婴儿出生四十天，才举行洗浴仪式。仪式当天，亲朋好友从四面八方赶来，送贺礼，并带一瓶本地清水，习俗规定，要凑足四十份不同地方的水，所以称四十份水礼，这些水因从四十个不同地方取来，意味着集中了众水神之力，可使婴儿更健康地成长。

总之，无论用什么方法、用什么仪式、用什么原料洗涤，从医学角度来看，用水洗浴婴儿污垢，对婴儿身体的确是大有裨益的，可减少疾病的发生，非常有助于身体健康。这也是产生"洗三"民俗的基础，即人们认为"洗三"能够消灾免祸，保育健康。

8. 吉祥周岁

孩子满一周岁所行礼俗，即为周岁礼俗。周岁礼中比较普遍的是抓周习俗和挂长命锁习俗。

诞生习俗中，关于父母对孩子未来期盼的习俗非常多，如满月时的剃头习俗中，舅舅主持，剃头匠人剃胎发，头发不能全部剃光，通常要在额前留一撮头发，称为"聪明发"，预示孩子越长越聪明。又如给婴儿挂长命锁，期盼将来孩子长命百岁。

在众多的习俗中，以"抓周"习俗最为典型，这种礼俗形成年代较早，大约在南北朝时期就已形成。周岁，是孩子的第一个生日，一般也被看作诞生礼的结束。

所谓"抓周"，就是在小孩周岁时让他抓东西，通过所抓取的东西，来预测小孩将来的命运。晚清国学大师胡朴安在《中华全国民俗志》中记载的北京地区抓周习俗是，"至周岁，于小儿生日，将士农工商所用之器具置于桌上。小儿梳洗毕，衣新衣，抱至桌前，任其随意抓取。若所取者为笔，将来必为文人；若所取者为算盘，必为商人。

诸如此类，名曰抓周”[1]。

这种抓周习俗传承至今，抓周之物已从传统的笔或算盘，发展成具有现代意义的物品了，如手机、鼠标、人民币、信用卡、项链、地球仪、字典或词典、计算器、乒乓球拍、羽毛球拍、足球、棉签、纱布、玩具汽车、积木等。这些现代物品，也被赋予了新的含义和象征，寄托着父母的预测和期望。

周岁礼中，象征小儿长命百岁的挂长命锁习俗，非常流行。此俗之所以流行，是与锁本身的特性分不开的。锁，可以锁住一切可锁之物，把锁的这一特性延伸，锁还可以锁住妖魔鬼怪，锁住一切邪毛鬼祟。而锁住病魔疫鬼，就可保佑小孩无灾无祸，平安长大。所以，人们这种期盼小儿无病无灾、健康成长、长命百岁的意识，与锁本身的特性就很自然而巧妙地结合在一起了。在挂长命锁习俗中，锁就成了一种象征物。同时，这种象征性的锁，挂在小孩胸前，又起着一种装饰作用。因此，长命锁的样式很多，形态各异，有圆形、椭圆形、长方形、正方形或菱形等。

长命锁除了形状有差异外，还有材质和装饰的差异。长命锁的制作材料多用金属，如铜、铁、金、银等，除了金属材料外，也有用木料、玉石、布料等制作的。长命锁的装饰很有特点，其体现的吉祥意义也很突出，如很多银锁，往往其正反面刻有文字或图案，所刻文字多是“长命百岁”“长命富贵”“长发其祥”等，所刻图案又以麒麟、龙、虎等吉祥物为主。家长对婴儿的吉祥祝福昭然可见。

送锁和戴锁礼仪，是十分讲究的，由此也形成了一些民俗，从这些民俗中同样折射出吉祥寓意。如在江南地区，通常由姥姥送给外孙或外孙女长命锁，所赠长命锁要用项链或丝线穿入锁档中，形成一个圈，挂在小儿脖子上，锁则垂在小儿胸前。戴锁的时间也不一。在某

① 胡朴安编著：《中华全国民俗志·下》，河北人民出版社，1986，第19页。

些地方，给小儿开关（摘锁称为“开关”）很早，而在有些地方，小儿戴锁的时间要长一些，开关要晚一些。还有的地方，甚至要等到孩子十二岁时，才能开关，摘掉长命锁。俗信认为，孩子到了十二岁才能过危险期，只有度过危险期，才有长命百岁的可能。

在江苏地区，常由干爹干妈送干儿干女长命锁。但锁不能戴在孩子的脖子上，要挂在干儿干女的卧室中。在认干爹仪式上，先行认干爹之礼，再由干爹给干儿子或干女儿取名，叫“继干名”。同时，还要写“承继纸”，承继纸为立轴状，长二尺，宽一尺，红纸绿边。在立轴上，还要用红头绳挂个金质或银质锁片，这就是干爹送的长命锁。当地人认为，只有这样才能祛邪驱祟，使孩子生命长久。

还有的地方，是让寺院和尚或道观道士为孩子戴长命锁。其戴法多是家长给寺院或道观一定施舍，再让僧人或道士以锁形饰物挂在小儿项间，这实际上是借助于神灵力量锁住小孩之命，以保其免受邪魔伤害，达到生命久安的目的。

随着历史的发展，挂锁预示长命的习俗，仍旧存在并延续，但其形式逐渐发生变化。旧时的长命锁逐渐演变为由布条或钱币替代，长命锁链也被线取代，这种长命锁戴的时间更短。如东北地区，有小孩满月礼挂长命线习俗，显然，挂长命线即为挂长命锁的变异形式。小儿满月日，要由母亲将其带到姥姥家，姥姥准备好一束成圈的白线，线里要绑上一定数量的纸币，可多可少，根据自家经济条件而定。然后，将线从小儿的头上套进去，挂到小儿的脖子上。仪式完成后，再由小儿父亲将母子二人接回家中。回到家里，父亲就要给小儿摘下长命线，摘时也很讲究，不能从脖子往上摘，而是要从脖子往下摘，从小儿的脚下取出，在摘的同时，还要口中祈祷：“头上挂，脚下摘，姥姥亲，姥爷爱，长命百岁，长命百岁。”从脚下取长命线，意味着邪祟从脚下溜走，可保生命长久，是取白头到老的含义，寄托着长辈希望小儿能够平平安安、白头到老的美好希冀。

## 二、祝寿礼俗中的吉祥

我国素来把延年益寿看作人生最吉祥、最幸福的事之一。

追求长寿可以有很多种方法，如体育锻炼、膳食平衡等。除此之外，人们还创造出种种长寿之神，加以膜拜，希冀长寿。

1. 寿星与吉祥

寿神有很多，如角亢星宿、南斗星君、南极仙翁、长寿彭祖、王母娘娘、麻姑等。寿神中既有民间缔造的神仙，也有把长寿的人视为神的，不管何种类型，都反映了人们对长寿的渴望。

寿神中最有影响力的是角、亢二宿寿星，他们的原型为星宿。一般来说，寿星所对应的星宿有两种说法，一说是指二十八宿中，在东方苍龙七宿中的头二宿，即角、亢二宿，郭璞注《尔雅·释天》说寿星“数起角亢，列宿之长，故曰寿”。也就是说，角、亢寿星列众星之长，主长寿。另一说是以西宫南极老人星为寿星，即南极仙翁，又称南斗星君、南极大帝等。

南极老人星初为掌管国运兴衰、国命长短的神灵，这在司马迁《史记·天官书》有所记载，在西宫“狼比地有大星，曰南极老人。老人见，治安；不见，兵起”。唐代开元年间曾经给司马迁《史记》作注的著名学者张守节，对南极老人星的职能做了延伸，他说：“老人一星，在弧南（天狼星东南），一曰南极，为人主占寿命延长之应。常以秋分之曙见于景，春分之夕见于丁。见，国命长，故谓之寿昌，天下安宁；不见，人主忧也。”也就是说，他认为南极老人星既然能主掌国家命运，当然也能主君王的寿命长短。后来，南极老人星的职能又进一步得到延伸，从专司君王寿命扩大到掌管天下人的寿命，成为人人崇拜的寿神。大约在唐代，人们开始将两种寿星合坛祭拜，《通典·礼四》记载：“大唐开元二十四年七月，敕宜令所司特置寿星坛……宜祭老人星及角亢七宿。”从此，两种寿星合而为一，被统称为南极寿星，或南极仙翁。

民间奉祀寿星的活动始于周朝。秦始皇统一天下后，曾专门在长安附近的杜县建寿星祠，供奉南极老人星。东汉时，寿星祭祀被列入国家祀典，为方便祭祀寿星，民众刻画了南极仙翁的形象。寿星是长寿的标志，而民间又恰有敬老之风，如东汉时，每年仲秋都要举行敬老活动。祭祀寿星与敬老活动，两者合二为一，这在《后汉书·礼仪志》有所记载："年始七十者，授之以玉杖，哺之以糜粥。八十、九十，礼有加赐。王杖长九尺，端以鸠鸟为饰，鸠者，不噎之鸟也，欲老人不噎。是月也，祀老人星于国都南郊老人庙。"祭祀寿星与敬老活动都是人们期盼长寿心理的外在表现，因此，将寿星定格为老人形象，是理所当然的。老人年迈，身体活动不便，常常执一拐杖，因此，人们很自然地就将寿星塑造成拄拐杖的老人形象了。

寿星具体相貌的形成有一个漫长的过程。南宋时，寿星的相貌是"扶杖立"，"杖过于人之首，且诘曲有奇相"，这说明南宋时期寿星相貌还未明确，仅是有奇相、执杖过头的一种形象。明朝，又把寿星刻画为头长身短的形象，如《西游记》中描绘寿星："手捧灵芝飞蔼绣……长头大耳短身躯。"后来，寿星被塑造成白发苍苍、白须飘逸、慈眉善目的形象，尤其是其光秃秃的脑门，被称为"寿星头"，当然，寿星的手中还少不了长长的龙头拐杖。

寿星图

人们为什么要重点塑造寿星的额头呢？这还得从一则传说说起。相传，寿星的母亲怀孕时间很长，已至九年还不生育，寿星的母亲很着急，她突发奇想，责问肚子中的孩子："儿啊，你为什么还不出生呢？"寿星竟然在娘胎中回话："只有家门口石狮双眼出血，我才能出生啊。"隔墙有耳，母子的对话，被隔壁的屠夫听到了，他就用猪血涂在石狮的双眼上，母亲见状，赶紧告诉肚中的孩子。寿星听后，便从母亲腋下钻了出来。因为家门口的石狮眼睛并不是真的出血，所以寿星还是属于早产儿，于是他的头就越长越长，越长越隆起了。神灵的奇异，常借助于传说，越传越奇，寿星亦是如此，其出生不易，所以长相也就非同一般了，正因如此，才被认为有奇异之处，因而被芸芸众生膜拜。

值得注意的是，民间寿星除了南极仙翁，还有女寿星，即麻姑。旧时，为老人祝寿时，给男性祝寿要挂男寿星图，即南极仙翁的画像；给女性祝寿要挂女寿星图，即《麻姑献寿图》。麻姑作为女寿仙，影响甚广，这从众多地方存有的遗迹可见一斑，如唐朝颜真卿在《抚州南城县麻姑仙坛记》中说："按《图经》，南城县有麻姑山，顶有古坛，相传云麻姑于此得道。"《古今图书集成·神异典》谓江西宁国府东有麻姑山："麻姑尝修道于此，丹灶尚存。又尝居建昌，山故亦号麻姑。"在距此遥远的四川鬼城丰都，还有假托麻姑之名，起名为"麻姑洞"的，这在宋朝洪迈《夷坚丙志》卷四有记载："(四川)青城山相去三十里，有麻姑洞，相传云亦麻姑修真处也。"众多麻姑遗迹足以说明麻姑是受到民众崇拜的女寿仙。

麻姑是怎样的人？为什么受到众生的参拜？有关麻姑的身世，历来众说纷纭。南朝刘敬叔在《异苑》中认为，麻姑为秦时会道术女子，因违犯道规被夫诛杀，投尸水中后显灵，故人们在丹阳县湖畔建有庙宇祭祀。《太平广记》卷一三一引《齐谐记》说，麻姑为东晋孝武帝太元时期之人，"太元八年，富阳民麻姑"，因吃肉，"呕血而死"。还有传说麻姑为被放逐的宫女，她"姓黎，字琼仙，唐放出宫人也"(《古今图书集成·神异典》引《太平清话》)。《登州府志》则说，宋朝有个麻姑，是建昌人，在牟州姑余山修道，后被册封为真人。《古今图书集成·神异典》引《登州府志》又说，麻姑为北朝五胡十六国后赵将军麻秋之女，麻秋秉承胡人残暴之性，督促民夫修长城，晚上也不得休息，规定只有当鸡鸣时，民夫才能休息一下。麻姑非常同情民夫，就常常学鸡鸣，引得群鸡都鸣叫起来，民夫们便可乘此机会休息一下。麻秋知道此事后，要用鞭子抽麻姑，麻姑逃入山中，后修炼成仙。根据历史记载，麻姑之父麻秋，确有其人。故此，种种迹象表明，关于麻姑的身世，有一点是共同的，就是麻姑本是凡人，然后修炼成仙，最后才被奉为寿仙。

关于麻姑成仙过程的记载，较早见于葛洪《神仙传·王远》，文中提到神仙王远有一天降临至蔡经家，并提出要请麻姑前来相会。后来，“麻姑至……是好女子，年可十八九许，于顶中作髻，余发散垂至腰。其衣有文彩，又非锦绮，光彩耀目，不可名状，皆世之所无也。入拜远，远为之起立。坐定，各进行厨。……麻姑自说云：‘接侍以来，已见东海三为桑田。向到蓬莱，又水浅于往日，会时略半耳，岂将复为陵陆乎？’”麻姑诉说自她与王远分别以来，已见过“东海三为桑田”，这足以说明麻姑寿命极长，麻姑也由此被人们奉为寿仙。还有人认为，麻姑成仙与王母娘娘有关，传说三月三日是王母娘娘的诞辰，每年诞辰之日，王母娘娘都要举办蟠桃大会，各路神仙都前来祝寿。其中，百花、牡丹、芍药、海棠四位花仙，邀约麻姑同去献寿，四位花仙都准备好了献寿之礼，麻姑也得献礼，为此，她想出了用绛珠河畔灵芝酿造寿酒献给王母娘娘的主意。这一寿礼使王母娘娘非常高兴，麻姑由此被王母娘娘封为女寿仙，进入了寿星的序列，被人们景仰膜拜。

在女寿星中，还有一位名气更大的——王母娘娘。传说她最早居住在西方的昆仑山，故其本名叫西王母。

关于王母娘娘，民间有一则传说流传较广。传说很早很早以前，住在天上的王母娘娘虽过得很舒服，但整天高兴不起来，原来她有件事一直不顺心。早年她生了第一个孩子是闺女，非常高兴；生了第二个，也是闺女，也很高兴；可到了第三个、第四个时，因全都是女孩子，王母娘娘就不高兴了。因为没有儿子，王母娘娘又连续生了第五个、第六个、第七个，但是天不遂愿，七个孩子都是丫头，王母娘娘为此事茶饭不思、彻夜不眠，整天唉声叹气。玉皇大帝也十分忧愁。一天，玉皇大帝忽然想起，可让王母娘娘去找如来佛传授生儿之道。他把此想法一说，王母娘娘立即同意，当即驾起祥云到西天找到如来，对如来央求道："我屡生闺女，难得一子，还望大仙传授生子之道。"如来却想："你已生七个女孩，还想要儿子，岂不乱了天规？"但他突然又一想："我何不略施小计，让她用投石法碰碰运气。"于是就对王母娘娘说："龙门天关小溪流东侧一百步开外，有一块立儿石，生男生女须向石孔掷三块石子讨问。如果三块石子全都投中，就可有男有女；如果有两块落入，就是只生男不生女；若是只有一块投中，那就只生女不生男；如果一块也不能投中，便是无男无女。"王母娘娘求子心切，听了这话立即赶到龙门峡。这时，如来佛用手指一点，龙门天关立刻出现了一块数千斤重的大石头，石头上方凹下去一个浅的长方形石坑，王母娘娘就按如来的话，向石坑投了三块石头，结果，只中了一块。王母娘娘心情沉闷，仰天哀叹："看来我是求儿不得了！"

王母娘娘的故事，随着传说、文献及文学作品的传播而广为流传，其作为寿神的形象，在人们心目中越来越重要。

王母娘娘的形象有一个变化过程。从《山海经》中《西山经》《海内北经》《大荒西经》的记载来看，王母娘娘初为一丑怪神，其状如人，豹尾虎齿而善啸，蓬发戴胜，专司人间瘟疫及刑罚。从这些记载来看，她是个半人半兽、具有动物特征的怪神。但从《穆天子传》的记载来看，王母娘娘可与穆天子赋诗酬答，显示出她雍容善歌的特点，因此，王母娘娘的形象在此时已不再是半人半兽的形象，发生了很大变化。而在《汉武故事》《汉武帝内传》等记载中，王母娘娘的形象进一步转化，成为绝色女仙，而且其神职也发生根本变化，不再掌管瘟疫刑罚，而是以赐福为主要职司。其后来之所以成为长寿吉祥神，主要在于她有两样法宝，一是不死药，二是长寿蟠桃。

所谓不死药，是古人追求长生、梦想升仙从而幻想出的药物，传说不死药藏于两处，一处在东方渤海中的蓬莱、方丈、瀛洲三神山中，一处在西方昆仑山。传说昆仑山盛产不死树，不死药就是从不死树中提炼而成的。不死树，又称寿木，《吕氏春秋·本味》说："菜之美者，昆仑之苹，寿木之华。"华，实也，王母娘娘就是用不死树之"实"提炼不死药的，她也正因为此才能成为长寿之神。

王母娘娘的另一法宝，是长寿蟠桃。先秦时代，人们就已用桃木驱邪，故桃成为人们心目中的神物。随着桃神灵观念的延伸，又产生了仙桃可使人长寿的传说。传说王母桃生长周期越长就越能增寿，三千年一熟的桃，吃后体健身轻，成仙成道；六千年一熟的桃，吃后霞举飞升，长生不老；九千年一熟的桃，吃后与天地齐寿、日月同庚。西王母独有蟠桃，又拥有召集各路神仙、召开蟠桃盛会的权力。这在戏曲和小说等文学题材中都有所体现，如元朝无名氏杂剧《宴瑶池王母蟠桃会》、明朝杂剧《群仙庆寿蟠桃会》等。古典四大名著之一《西游记》，在写孙悟空偷桃时，又用妙笔细致描写了王母娘娘的蟠桃盛会。近代以蟠桃盛会为题材的《瑶池集庆》《群仙拱寿》民间年画，使得西王母作为寿星的名气越来越大。

以上寿星，都是人们想象出来的，而寿神彭祖却被古人认为确有其人。据说彭祖活了八百岁，以长寿闻名于世，后来成为人们崇拜的寿神。彭祖长寿的秘诀就是"吐故纳新，熊经鸟申，为寿而已矣。此道引之士，养形之人，彭祖寿考者所好也"。也就是说，彭祖善"治气养生"，靠导引行气之术而长寿近千载。据此，彭祖成为仙人，这在先秦典籍中已有记载。后来，道教将其列为仙真，《神仙传》中，对彭祖的故事记载较为丰富，"彭祖者，……少好恬静，不恤世务，不营名誉，不饰车服，唯以养生治身为事。王闻之，拜为大夫"，说明彭祖生前是一个平和无为、生活简朴的人。

彭祖的画像在明朝已出现，画像中的彭祖有着浓眉细眼、秃头黑胡子，手里持有一根象征长寿的鸟头长拐，给人的总体感觉是表情沉静，略显呆滞。画像虽然符合传说中彭祖平静无为、只重养生的性格特点，但与南极寿星画像相比，缺乏生气。因此，现实生活中，为老人祝寿多用南极寿星画像，而几乎不用彭祖像。虽然如此，但他作为寿星的地位却是不可动摇的。

2. 寿星图

人们为了长寿吉祥，创造出了南极老人寿星、麻姑寿星，两位寿星的形象也深入人心。为了方便顶礼膜拜，人们还创作出了寿星图，如《南极寿星图》《麻姑献寿图》等，供历代人们传承膜拜。画上还常点缀有松、鹤、龟、桃、灵芝、葫芦等长寿吉祥物，增添了吉祥的意味，突出了长寿的主题。还有些民俗年画，习惯将寿星与福、禄二星一同画在寿星图中，构成《福禄寿图》。人们常将其挂于中堂，无论是吃饭还是议事，可时时看见，时时膜拜，时时满足人们祈求长寿吉祥的心理愿望。

不同版本的《麻姑献寿图》表现的主题虽都是献寿，但因麻姑动作、服饰、装扮的差异，献寿图给人的感觉也有差异。如不同的献寿图中，麻姑或做腾云驾雾状；或做飘然行走状；或双手托盘做奉献状，盘中有一壶美酒、几枚仙桃，酒是自酿长寿酒；或肩荷一细竹枝，枝上挂一壶美酒，一童子背一巨大的仙桃相伴相随。但不管是哪种类型的麻姑图，有两点大致固定：一是麻姑容貌美丽，令人神往；二是桃和酒是必不可少的献寿之物，体现出浓浓的长寿吉祥之意。

3. 吉祥寿图

吉祥寿图有很多，除以南极老人、麻姑为代表的寿星图外，还有很多寿图表达出长寿吉祥的寓意。

祝寿图的形式多种多样，或是图画，或是图画配以对联，等等。但无论何种形式，其内容多为松柏、龟鹤、桃、山崖、海水的组合，这种组合从内容上看，又大约分两种：山与海的组合，松、鹤、龟的组合。

山与海组合而成的祝寿图，如《寿山福海图》，图画主体为大海，海中有岩石，海上有飞舞的蝙蝠。大海指“东海”，蝠谐音“福”，岩石代表“南山”，这是用画传达“福如东海，寿比南山”之意。

松与鹤组合而成的祝寿图，如流行于明清之际的《松鹤图》，又称“松鹤遐龄”“松鹤同春”“松鹤长春”“鹤寿松龄”等。画面由青松、仙鹤构成，二者皆为长寿永年之物，合为一体，寓意吉祥长寿。

松、鹤与龟的组合，也是常见的吉祥寿图的形式。祝寿图中有松、鹤与龟，取三者长寿的特征，象征人之寿命的长久。松乃长青之木，寿命长久，寓意为长寿顺理成章，而为什么鹤也被认为是千年之禽，是长寿的象征呢？这是因为在我国传统信仰中，鹤被认为仙气十足，形体超凡脱俗，举止优雅，因此，鹤常与仙搭上关系，鹤又可被称为仙鹤。古人非常相信鹤是长寿仙禽，如《相鹤经》说：“鹤者，阳鸟也，而游于阴，因金气依火精以自养。金数九，火数七，故七年小变，十六年大变，百六十年变止，千六百年形定。体尚洁，故其色白；声闻天，故头赤；食于水，故其喙长；轩于前，故后趾短；栖于陆，故足高而尾凋；翔于云……大喉以吐故，修颈以纳新，故生无中夭，大寿不可量……”古人艳羡鹤的仙风仙韵，认为鹤是长寿的象征。

龟虽然没有仙鹤般的仙风仙韵，但寿命却格外长久，俗语常说：“千年的王八，万年的龟。”因此，人们也将龟纳入长寿之物之中，视其为长寿的象征。

祝寿图也有由寿字组成的，即以单个寿字构图，被称为“寿字纹”。根据字形又可对其进行进一步区分，字形长的称长寿，圆的称圆寿或“团寿”。而单体长寿纹与圆寿纹，实际上是从字演化为图案的字符，也就是说，单体的寿字，若以祝寿图的形式出现，与其说是字，不如说是图案。也有的图，以单体寿字纹为中心，再附加上图案，如“如意寿字团”，或者在圆形寿纹边围饰如意图案等。

当然，也有以多字构图的，如百寿图[①]，创作者摹写了古今各体一百个寿字构成的图纹，这又可分两种情况：一种是在一个大寿字宽大的笔画框内，布满一百个不同字体的寿字；另一种是将一百个不同体的寿字，分十行排列，每行十个，构成方块形，或将一百个寿字排成一圈一圈，构成圆形图案。

百寿图出现较早，最早出现在宋代，清朝《读书敏求记·字学百寿字图》中记载，南宋绍定时静江令史谓于夫子岩刻百寿字。百寿图到了明代已十分流行，如明正德年间，昆明赵壁编《百寿字》一书；又如明朱国桢《涌幢小品》曾记载，一位姓张的御史，家藏大寿字一幅，自其始祖所遗。字高四尺有七寸，楷书黑文，其点画中，皆小寿字，白文作别法，满百无一同者。根据记载，这幅百寿图显然是在同一大寿字笔画间写满百个不同字体的寿字的图。

正因为百寿图气势磅礴，十分壮观，所以成为送礼的佳品和上品，如《红楼梦》第七十一回有载："贾母问道：'前儿这些人家送礼来的，共有几家有围屏？'凤姐儿道：'共有十六家，有十二架大的……一面泥金百寿图的是头等。'"在所送礼品中，百寿图是头等，足见其受人们欢迎的程度。给他人祝寿送百寿图为寿礼的习俗，一直传承不衰，到现在又有新的突破，如近年来山西篆刻家许若石创作了一幅篆刻作品《千寿印》，由一千零五十个方寿字印章组成，印文文字各异，有蒙古族、满族、朝鲜族等少数民族的文字，字体也多种多样，有甲骨文、小篆、楷、草、行、隶诸体，这在百寿图基础上，又前进了一大步。

目前，又有人在百寿图、千寿印的基础上，创造出了万寿图，如贵州老人王凤成经过六年精心撰写，创作了一幅长两百零八米、宽一点三米、共两万零八个寿字的《万寿字谱》书法作品。

《八仙庆寿图》也是常见的祝寿图。八仙庆寿，亦称"群仙庆寿""八

① 参见徐步云：《百寿图咏集》，晚晴社，1989。

仙祝寿”，其传统图案通常有以下几种：一种是由“八仙”（张果老、吕洞宾、韩湘子、何仙姑、铁拐李、汉钟离、曹国舅、蓝采和）把酒祝寿构成的图案；另一种则是由八只翩翩飞舞的仙鹤组成八仙图案，在此是借“仙鹤”之“仙”，指代“八仙”之“仙”;还有一种祝寿图，图案为八仙翘首望天,看云端的寿星,即“八仙仰寿”或“八仙拱寿”。

从图案来看，八仙人组成的《八仙仰寿图》中展现的常常是众仙会集松柏台上，仰望云间、口颂祝寿祝词的情景，图中的背景则又常以松柏寿石、仙禽蟠桃、祥云瑞霭等进行装饰，充分表达出祝寿的吉祥含义。

另外,民间还将八仙各自使用的法宝组合为形式不同的装饰图案,称“暗八仙图”,缘其象征义而广受青睐。与八仙相对应的是“暗八仙”,即八仙每人所持的灵物：葫芦、扇子、玉板、荷花、宝剑、笛子、花篮、渔鼓，也称八宝。在“八仙过海”神话中，八宝又是八仙过海的工具,据《八仙出处东游记传》,八仙参加王母娘娘举办的蟠桃会归来,经过东海，吕洞宾提议大家不要乘云而过，而以各自所持宝物为乘渡工具过海，于是，八仙用自己的工具纷纷渡海，各显其能，这才有了“八仙过海，各显神通”的俗语。

此外，还有众多的祝寿图，是借用两种以上吉祥物（和吉祥语谐音或同音的事物）构图的，如“代代寿仙”，是指用代代花、绶带鸟两种吉祥物进行构图。代代花，常绿灌木，小枝细长，有短刺，叶椭圆形，花白色，有香气，可熏茶和制香精。绶带鸟，即练鹊，头部黑色发蓝光，背部深褐色，腹部白色，并且，雄的绶带鸟非常漂亮，有羽冠，尾部有两根长羽毛。以此作画，不仅仅是为了好看，更重要的是取其象征义，代代花中的“代”，与代代寿仙中的“代”同音同字，绶带鸟中的“绶”与又与“寿”音同，两者组合成图，寓意十分突出，形容家族世代皆能长寿。

又如《天仙祝寿图》，是用天竹、水仙和寿石组合成的。天竹，又称南天竹，属于小檗科常绿灌木，羽状复叶，嫩时稍带红色，秋季

百寿图（局部）

变紫红，果实攒簇殷红，累累若火珠，状颇美观。水仙，属石蒜科，多年生草本，鳞茎卵圆形，叶直立而扁平，粉绿色，花发幽香，素称香供佳品。寿石，即太湖石，产于太湖区域，多孔，玲珑剔透。此图借天竹的“天”字、水仙的“仙”字,以及寿石的“寿”字，比喻天仙祝寿，寿比天仙。

还有一种类型的祝寿图，是借助历史人物与吉祥物构图的，也同样表达出了祝寿的含义，如东方朔偷桃图就是如此。

以寿星为题材作画的很多，在画中，寿星或是慈眉善目，或是端庄贤淑，或是平易近人。而《东方朔偷桃图》是通过寿星偷窃之事，表现祝寿内容，这与一则传说有关。相传汉武帝寿辰之日，宫殿前一只黑鸟从天而降，武帝不知其名，东方朔回答说：“此为西王母的坐骑‘青鸾’，王母即将前来为帝祝寿。”果然，顷刻间，西王母携七枚仙桃飘然而至。西王母除自留两枚仙桃外，将其余五枚献与武帝。帝食后欲留核种植。西王母言：“此桃三千年一生实，中原地薄，种之不生。”西王母说此话时，东方朔正站在内宫东窗下，从外往内偷看，被西王母发现了，西王母便笑着对汉武帝说：“我在瑶池边桃苑中种植仙桃，三千年结一次果，而窗外那个小无赖，已经偷过我三次仙桃了。”汉武帝听了，惊得张大嘴巴吐出舌头，好一会收不回来，原来东方朔至少已有九千寿数，难怪他对以前之事都了如指掌。

民间据此传说作画，图画内容与传说相似，但又加上些作画人自己的想象。如画中描绘东方朔从仙界偷桃后快步疾走之状，通过东方朔的胡须，以及飘曳的衣裾，这种形态被充分体现出来，而东方朔手中拿着偷来的蟠桃，回首环顾，面露喜色的得意之情，以及担心被仙吏发现的微妙心理也被表现得惟妙惟肖。画面上方，画着缭绕的祥云、悬垂枝头的仙桃，画面下方，画着灵芝、水仙、竹石。

画面表意非常直白，以桃、灵芝、水仙、竹石等四种吉祥物共同组合成“芝仙祝寿”的含义。

除了组合而成的祝寿图外，也有单个吉祥物组成的祝寿图，《寿比南山图》即是如此。中国人常用“寿比南山”的颂语来给人祝寿，此语出自《诗经·小雅·天保》:“如月之恒，如日之升，如南山之寿。”

4. 大德大仁达长寿吉祥

长寿是每个人追求的目标，人人都想长寿。为此目的，人们创造出众多的不死之神：南极寿星、麻姑、西王母，又赋予众多自然物以长寿象征义：南山、松、鹤、龟、灵芝等。不死之神、长寿之物，都寄托了人们对长寿的向往，都表达了人们美好的愿望，但这些都是外物、他物，都只能是理想化的，若要真正达到长寿，最重要的就是思想积极向上，心怀仁德。

至于大德，孔子早有论述，《礼记·中庸》曰“故大德必得其位，必得其禄，必得其名，必得其寿”；荀子在《荀子·致士》中也说“得众动天，美意延年”。其含义并不复杂，有大德者通过努力、奋斗，自己的愿望通常能够满足，因此，其心情必然愉快，心情愉快就能延年益寿。

从这一角度讲，长寿与否与心情的好坏息息相关。科学研究表明，良好的心理状态，能促进人体分泌更多有益的激素，从而增强人体免疫能力，增加机体抗病力，促进人体健康与长寿。反之，持久的较差心理状态，容易导致紧张、恐惧、沮丧等不良心情，这种精神状态往往会引起神经中枢、内分泌系统功能的失调，削弱其免疫系统的抵抗能力，久而久之，就会引发各种疾病。

心情的好坏又取决于道德的修养，德为福寿之本。只有品行端正、为人善良、心境淡泊、人际关系和谐的人，才能保持健康的心态，才能把身体调节到最佳状态，才能抵抗住疾病的侵袭，最终达到身体健康、长寿的目的。因此，大德者身体健康长寿，是符合养生之道的，所以，我国唐代医学家孙思邈在《千金方》中早就指出："善养性者，不但饵药餐霞，其在兼于百行。百行周备，虽绝药饵，足以遐年；德行不克，纵服玉液金丹，未能延寿。"《长生秘诀》也说"善养生者，当以德行为主，而以调养为佐"。因此，养生不仅仅是一种强身健体的手段，也是一种人生哲学。

至于大仁，在《孔子家语·五仪解第七》也有专门阐述："哀公问于孔子曰：'智者寿乎？仁者寿乎？'孔子对曰：'然！人有三死，而非其命也，行己自取也。夫寝处不时，饮食不节，逸劳过度者，疾共杀之；居下位而上干其君，嗜欲无厌而求不止者，刑共杀之；以少犯众，以弱侮强，忿怒不类，动不量力者，兵共杀之。此三者，死非命也，人自取之。若夫智士仁人，将身有节，动静以义，喜怒以时，无害其性，虽得寿焉，不亦宜乎？'"

这段话的意思是，哀公向孔夫子请教："是智者长寿还是仁者更长寿？"孔子回答说人有三死，并不是天注定的，而是自己折损掉的，第一种是起居没有定时，饮食无节制，身体过度疲劳放纵，过分透支，这些不爱惜身体之举，必然使身体受损，使疾病容易侵犯，并能过早地夺去他的性命。第二种情况是，居下位的人无视君王，以下犯上，对于自己的嗜好和欲望，又不肯节制，贪求无厌，这些是不遵守规矩之举，刑罚就能夺去他的寿命。第三种情况是，人少冒犯人多，以弱凌强，愤怒又不懂得克制自己，意气用事，这些不自量力、不计后果之举，刀兵战事就可以让他过早地夭折。如此三种情况，即病杀、刑杀、兵杀，皆是死于非命，也是咎由自取。而仁人廉士，行动有节，合乎道义，喜怒适时，立身行事坚持操守，懂得培养自己高尚的性情，这是仁者之举，因此，他们必然得享长寿。

孔子非常巧妙地回答了仁者长寿之道。总之，大仁大德的确对身心有益，道义行事、行动有节、喜怒适时、坚持操守、刚正无畏、办事公正、心地坦然、宽松泰和、心胸宽广等，都是大德大仁的体现，只有做到了这些，才能真正达到精神爽朗，心态平和，心情舒畅，邪气难侵，最终得以长寿。

5. 祝寿习俗与吉祥

祝寿习俗历史悠久，最早可追溯到三千多年前的周代。春秋战国时期，已普遍流行生日习俗，只是生日庆贺仪礼还不系统和完整。南北朝以后，已形成一套完整的祝寿礼俗。唐宋时期，这一礼俗大为发展，并兴起了皇帝做寿的风俗。有文献记载，唐明皇曾把自己生日这天定为“圣寿节”，大肆庆贺，此法开创了皇帝庆寿先河，并迅速流行起来。此后的历代皇帝都过起了自己的“圣寿节”。

民间的祝寿习俗是颇为讲究的，吉祥寓意主要体现在三个方面：一是平民百姓送的祝寿礼品；二是不同的祝寿称呼；三是不同的祝寿时间。

给老人祝寿的寿礼很多，如寿烛、寿酒、寿面、寿汤、寿糕、寿桃等，都表达出祝愿老人更吉祥顺心、更健康长寿的意愿。

祝寿时的寿酒，是必不可少的。之所以如此，是由于“酒”与“久”谐音，用“酒”祝寿，表示老人生命长久之意。因此，以酒祝寿，我国早已有之，如《诗经·豳风·七月》说“称彼兕觥，万寿无疆”，意思是说众人跻身公堂，举起牛角酒杯，齐声同祝“万寿无疆”。这反映出先秦时期已有用酒祝寿的习俗。

以酒祝寿，对酒没有严格的限制。一般来说，各地多以本地特色酒为寿酒，如中原及北方，多以竹叶青、古井贡酒、状元红为寿酒；东北地区，多以人参酒、高粱酒为寿酒。江西一带多用南城县的麻姑酒为寿酒，此酒是用南城麻姑山清泉酿制而成，酒味香浓、醇厚，是酒中佳品，而且，此酒以寿星麻姑之名为名，更具有长寿的含义。

祝寿的物品中，寿烛也是必需的，具有鲜明的象征意味，表示长命之意。寿烛通体为红色，长一尺左右，重约一斤，从外形上看，寿烛比普通照明用的蜡烛要大些。为进一步表示健康长寿的祝愿，在蜡烛身上通常要印有寿字，或题写上“福如东海，寿比南山”的吉祥语。从数量上看，寿烛没有单个的，都要用双数，通常是一对。寿烛放置的位置也十分讲究，要置于寿堂香案上，寿烛点燃后，颜色呈红色，更增加了祝寿时欢乐祥和的气氛。随着时代的发展，寿烛也悄悄地发生了变化，从红色逐渐演变成黄色、蓝色、紫色等多色，寿烛的外观也演变成更有寓意、更多样的形状。寿烛的数量也在变化着，一般在寿糕或生日蛋糕上，根据年龄插寿烛，即多大年龄就插多少根寿烛，也有很多地方，以一根寿烛代表十岁。寿烛点燃后，由寿者本人或者寿者的第三代甚至第四代，将寿烛一口吹灭，以此表明寿者的吉祥心愿能实现。

旧时祝寿时的寿面，更是必不可少的。之所以如此，从民俗角度来看，是借面条绵长不断的特性，象征生命绵长、益寿延年。从寿面历史来看，吃寿面习俗由来已久。相传，唐明皇即位后，渐渐冷落结发之妻王皇后。有一天，王皇后对唐明皇说：“三郎，你忘了当年我脱下新做的紫色背心，为你换了一斗面做汤饼，给你过生日的事了吗？”汤饼，在唐代是过生日之物，又称“水引”“汤面”。从寿面渊源来看，吃寿面与传说有关。相传，汉武帝崇信鬼神和相术，一日与众大臣聊天，说到人之寿命长短，汉武帝说：“相书上讲，人的人中长，寿命就长，若人中一寸长，可以活到百岁。”大臣东方朔听后大笑，汉武帝问他为何发笑，东方朔解释说：“我并非取笑陛下，而是笑彭祖，如果人活百岁，人中一寸长，那彭祖活了八百岁，他的人中应该长八寸，他的脸得有多长啊，这个人还像人吗？”众大臣闻之，也随之大笑起来。虽然，大家也不认可相书所言，但“脸长则寿长”的说法，却为百官所接受。又因“脸”与“面”同义，所以传者传者就将脸说成了“面”。自此以后，凡有寿庆，主人就会说：“请你到我府中吃面。”此说法一时盛行于京中达官贵人之中，民间也逐渐效仿，以至于形成风俗传承至今。

需要注意的是，不同的地方，寿面风俗也有不同。首先，寿面做法各异，如重庆江津习惯做梅干冷寿面，其做法突出一个“冷”字，即把寿面放入沸水中煮约一分钟捞出，并迅速用冷水冲凉后放入冰水中冰镇三分钟备用。将鸡蛋打散，加盐调味，煎成蛋皮，切成蛋丝，再将梅肉切碎，最后将冰镇寿面与蛋丝、梅子肉、酱汁拌匀，即可食用。江苏的开元寿面，其做法则突出一个“焖”字，即先将香菇、嫩姜切丝，再将芹菜、豆芽、黄花菜等做初步处理，然后将面条放在沸水锅中浸透、捞起、沥干水分、摊开、淋上熟菜油、拌匀抖松，最后将炒锅置在中火上，倒入菜油加姜丝稍煸，再加香菇、黄花菜、酱油、味精，加水二百五十克煮沸，最后将面条、豆芽倒入锅中，加盖稍焖至熟透即成。开元寿面非常适合为老人做寿，常吃此面可补虚养身、健脾开胃，还可防止高血压和冠心病等。福建的寿面，被称为福建线面，其做法也很独特，特点之一是工序多，有选料、佐盐、调匀、拌搅、和面、揉条、松条、串面、拉面、日晒等若干道工序；特点之二是寿面长，拉开长度可达一点八米，因此，福建的线面又叫“长面”，又因为福州话“长面”和“长命”谐音，故福州人又把线面称为“长命面”。其次，不同地区，寿面吃法也不同。如在一些地方，面条需要三尺长，每束面条要在一百根以上。送寿面时，要将柔软的寿面盘成塔形，置于寿案上，上罩以红绿镂纸拉花，而且要备双份。无论何种寿宴，必以寿面为主，以求寿者长命百岁、长寿吉祥。

寿桃，也是祝寿时必不可少的，祝寿之所以用寿桃，与传说有关。相传我国古代著名军事家孙膑，在母亲八十岁生日时，送了一个桃子为母祝寿，于是民间纷纷效仿，从此，就有了给老人祝寿送寿桃的风俗。祝寿时所送的寿桃，通常用鲜桃，但因鲜桃季节性强，故祝寿时所用寿桃多是用米粉或面蒸制而成。做寿桃时，要先将面揉成桃形，再在桃嘴处点染上红色，蒸熟后，颇似真桃。

祝寿习俗中，除了寿礼有讲究外，祝寿的称呼也有讲究。对祝寿的称呼，依据“寿星”年龄大小，称呼有所不同。一般来说，若逢十岁生日，亲友可买索面、猪膀蹄前去祝贺，十岁生日称为“祝十”。三十岁生日，称“头寿”。四十岁生日，因宁波方言“四十”谐音为“死日”，很不吉利，为避免不吉利，被称为“小八十”。五十岁以上逢十生日，亲友前来祝贺，请吹打班，称“做寿”或“拜寿”。按惯例，把六十岁作为祝寿的起点，所以民间有“不到花甲不庆寿”的说法。人们把六十岁后的每十年寿诞称为“大寿”，每五年称作“小寿”。不管大寿小寿，一般都要举行庆祝活动。而六十岁之后的第六年，即六十六岁，则又是祝寿习俗中一次极为隆重的庆祝活动，因为象征着六六大顺，老人和晚辈对这个生日都非常重视。

人到了七十七岁，被称为“喜寿”。八十岁则为“伞寿”，之所以为“伞寿”，是因为“伞”的简笔，可以读成“八十”，以此类推，八十八岁可称为“米寿”，即“米”字可以分读为“八十八”。同样，人到九十岁，称为“卆寿”，也是两个字的合写，图个吉利。到了九十九岁，离百岁差一步，也就是“百”字去了第一笔，剩下的是“白”字，“白”与“百”是同音字，因此，“百寿”也称为“白寿”。

旧时为家中老人做大寿的习俗礼仪很多。做寿当年，要在除夕设宴，宴请亲朋。等到老人寿诞那天，还要布置一番，如在中堂挂寿屏，四周挂锦帐，堂中摆八仙桌，桌上摆放银锡铜器，并燃两支红蜡烛，点几炷香，还要把寿果、寿酒、寿鱼等摆满方桌。墙上挂寿星图、红色寿幛和寿联，寿联上写“福如东海长流水，寿比南山不老松”等。

同时，八仙桌的两边还要排列好大座椅，座椅上要铺红色椅披和椅垫。这天早上，鸡鸣即起，家中首先要举行拜寿仪式，寿者朝南坐主位，六亲分长幼，男左女右依次坐定。然后再由长子夫妻奉觞上寿，寿者执爵离座，到堂前敬天、敬地后回到座位，接着，其余人等依次奉爵上寿，上寿礼仪完毕后，再进寿面。然后吹打奏乐，还要请乐师唱《八仙庆寿》，并且雇人献《南极仙翁》《东方朔》《王母娘娘》等寿图。等到天明，众贺客来拜寿，拜毕，到另一厅堂饮酒、吃寿面。有些富裕人家祝寿时，还会雇戏班演寿戏。在旧时，一些八十岁以上的老人过寿时，县、乡政府的官员，会或亲自或派人前来送寿匾祝寿。

旧时拜寿仪式图

当然，在祝寿习俗礼仪程序或细节上是有地域差异的，如有的地方，在祝寿当天早晨，老寿星穿戴整齐，手拄龙头拐杖，坐在堂屋上首后，众儿女侄孙辈不是给老人奉酒上寿，而是都整齐衣冠，依次给老人磕头，共祝老人多福多寿。在有的地方，晚辈们还会恭敬地向老人献上寿果和寿蛋，老人又把这些食物分给众人同吃，俗说这是给老人咬灾，以图老人无灾无难、大吉大利。有的地方，祝寿那天的早饭时，老人一定要吃鸡蛋。鸡蛋煮熟后，要在凉水中过凉，老人拿在手里，双手对揉，这种举动被称为“骨碌运气”。据说吃了滚运气的鸡蛋，人可除百病，去晦气，交好运。

还有的地方，在祝寿时间上有差异，祝寿仪式不是在早晨，而是在中午。中午时分，亲戚朋友前来祝贺，所送贺礼，均冠以“寿”字，如所送挂面被称为“寿面”，鸡蛋称“寿蛋”，红糖称“寿糖”，所送对联称“寿联”。寿联是多种多样的，一般多为五字或七字，个别也有数十字或数百字的。寿联常用成语、典故、专名，如祝贺六十岁，要用“花甲”，祝贺七十岁要用“古稀”等。而且，寿联要根据性别对象来写，如为男性老人祝寿，通常要用庚星耀彩、南极星辉、鸠杖熙春、古柏长春、甲第增辉之类的吉祥文字；祝贺女性老人寿诞，要用蟠桃献寿、星辉宝婺、金萱焕彩、璇阁大喜、萱庭日丽之类的吉祥文字。

中午时，家人还要在给老人祝寿前，先燃放一通鞭炮，这时“寿星”入座，儿女叩拜。然后，儿女们把面条双手递给老人，祝老人长生不老、生命绵长。

在祝寿年份上，六十六岁这一年的祝寿礼仪要格外隆重，比平常年份也更讲究一些。俗语说：“六十六，娘吃闺女一块肉。”如河南很多地方，在父母六十六岁寿诞之日，出嫁的闺女必须要回娘家给父母拜寿，寿礼必须是一块猪肉，这块肉，象征着女儿是父母身上的一块肉。女儿送给父母的这块肉，象征着割自己身上的肉回赠给父母。为此，买这块肉也要讲究，要求卖肉者必须是一刀割下来，不能计较肉有多少，对肉的价格也不能讨价还价，肉要全部送给父母，只有这样，才能表达对父母的养育之恩，表达对老人的敬意。

每当老人到了七十三、八十四岁的时候，也要为老人祝寿，但庆祝的礼仪与平常年份有所不同。民间有“七十三、八十四，阎王不叫自己到”的说法，所以每当老人到了这个年龄，心情都非常紧张。父母活到如此年龄实属不易，孝顺的儿女都要想尽千方百计，让老人安心度过这一年，为此，这个年龄阶段的祝寿习俗也就有了特定讲究。如有些地方要买条活鲤鱼让老人吃，民间认为，鲤鱼善“蹿”，这一“蹿”就过去了，老人就算渡过了难关，以后就太平无事了。而有些地方，则是把鱼放在锅里炖，炖鱼时不能翻动，待鱼煮成白色，鱼肉化在汤里时，将鱼汤盛出让老人喝了，然后小心翼翼地把鱼骨架放在村中河里顺水漂走，他们认为这样老人的灾祸就可免除。还有的地方，女儿会将亲手煮的两个熟鸡蛋拿到麦场上骨碌几圈，然后回家让父亲或母亲躲在门后吃掉。习俗认为，父母在神不知鬼不觉的时候，把鸡蛋吃掉，也就神不知鬼不觉地顺利度过这个年份了。

# 第二章 婚丧礼俗与吉祥

体现吉祥含义的婚姻习俗非常多，总结起来，大致体现在提亲、迎亲、成亲等环节的礼俗中，在恋爱、离婚再嫁习俗及婚姻形态或婚姻制度等方面，也有众多体现。

## 一、议婚订婚礼俗

传统的婚姻“六礼”是纳采、问名、纳吉、纳征、请期、亲迎。六礼相当于六道婚姻程序。从提亲到定亲、从定亲到选定结婚日，实际上是男女双方商议的过程，因此，前五种程序总体上属于议婚订婚阶段。

议婚订婚礼俗，寄托着人们的美好愿望，折射出的吉祥含义非常多。其众多的吉祥含义，又主要是通过礼物，也就是吉祥物件传达出来，而且，随着时代的变化，吉祥物件及其吉祥含义也随之变化。

### 1. 提亲与吉祥

纳采，又称“提亲”“说亲”“说媒”，是男方家向女方家求婚仪式的开始。

传统习俗中，纳采用雁做吉祥物，这在《礼记·昏义》中早有记载，即“纳采者，谓采择之礼，故昏礼下达，纳采用雁也”。世上动植物如此之多，纳采为何选用大雁作为提亲之物呢？众所周知，大雁是候鸟，暑热北飞，寒冷南迁，随着季节变化而南来北往，这是顺乎阴阳、顺乎天地的，以雁为礼，象征着婚姻是天地之合，符合阴阳的吉祥含义。同时，大雁又是忠贞之鸟，一旦“婚配”，便忠贞不渝，以雁为礼，又取其忠贞的吉祥含义，象征夫妻忠贞不渝，白头到老。因此，《白虎通·嫁娶篇》将其总结为“用雁者，取其随时南北，不失其节，明不夺女子之时也；又取飞成行，止成列也，明嫁娶之礼，长幼有序，不相逾越也”。

伴随时代发展，提亲礼物也有变化，不同民族提亲的礼物也各异，所体现的吉祥含义也有所差异。如贵州安龙县的布依族，男方到女方家提亲，必须是两个媒人，即“双媒”。媒人第一次到女方家，所带礼物是三至五斤蔗糖，其吉祥含义“甜甜蜜蜜”不言而喻。礼物可传达吉祥含义，话语亦是如此。安龙布依族提亲时，女方家往往佯装不知，故意问：“今天不晓得刮的是哪样仙风哟，把你们吹到我家来了，是过路呢，还是来串寨？”媒人往往回答说：“你家有枝橘子花，某家请我们来向你老人家讨这枝橘花去栽在他家园里，让花开得更香，结出甜果。”媒人话语中的“橘子花”，有着鲜明的象征意义，移栽男方家，花开得更香，结出甜果，传达出媒人对这门亲事的渴盼。

现代提亲习俗中，以酒做吉祥礼物，在汉族和少数民族中都比较常见。如鄂温克族，媒人去女方家提亲，要去多次后，女方家才能答应，这是试探男方的诚意。媒人去女方家数次后，女方父母若答应亲事，就会高兴地喝媒人所敬之酒，并偷偷在媒人带的酒瓶上，系上一根红布条，表示同意这门亲事。同时，女方家会劝媒人喝下四大碗酒，在媒人大醉之后，提亲宣告成功。显然，以酒提亲，是借谐音，传达天长地久的吉祥之意。

2. 问名与吉祥

所谓问名，即“讨八字”“请庚”，也就是媒人到女方家问清女方的姓名、生辰八字，甚至女方三代，女方把这些情况一一写在帖子上交由媒人，这帖子就叫作“庚帖”。[①]

男方接到庚帖后，回家占卜吉凶，看男女双方八字是否相合，即是否天造地设。根据结果进一步决定双方能否联姻。

---

① 参见胡朴安编著：《中华全国风俗志·下篇》卷四，河北人民出版社，1986。

这一习俗所体现的吉祥含义，主要表现在占卜仪式或方法上。如贵州黔东南苗族常以杀鸡问卜的方式看男女双方是否相合，其仪式是把鸡先杀掉，煮熟，然后看鸡眼，若鸡的双眼皆睁着，或皆闭着，均被认为是吉兆，男女亲事可定，若一只眼睁着一只眼闭着，则被认为是凶兆，这桩婚事万万定不得。

还有地方，在“合八字”期限内，以家中人畜是否平安为依据，来决定亲事是否继续。这种习俗，往往是男方家把庚帖放置家中具有占卜功能或神圣的场所，如压在香炉下或放在神像前，通常放三日，三日之内，家中若是人畜平安，则被认为这桩婚事得到神灵认可。还有的地方，是用手随便抓一撮小麦粒，然后数数麦粒的数量，双数为吉，单数为凶。

各地“合八字”的方式，更为普遍的是依据属相和五行。我国有十二属相或十二生肖之说，即鼠、牛、虎、兔、龙、蛇、马、羊、猴、鸡、狗、猪，而且每一种生肖都有一定的吉祥寓意，如鼠被认为是具有智力的动物；牛被认为是正直勤勉的代表；虎被看作是热诚好运、勇敢权威的化身；兔被看作是谨慎灵巧、惹人喜爱的动物；龙一直被国人认为是幸运、成功、祥瑞有灵的吉祥物；蛇被认为是睿智机敏的代表；马被看作是灵敏飘逸的精灵；羊被认为是敏感有礼的动物；猴被认为是机智聪慧的灵异之物；鸡被认为是守信之物；狗被认为是忠心守责的典型代表；猪则被看作是真挚诚实的化身。传统习俗还认为，生肖动物既有特定的吉祥寓意，又有某些固有的缺憾，如鼠给人以狡诈、贪婪的不好印象；牛又有固执、冷漠的特点；虎给人一种冲动易怒的印象；兔给人留下一种过于拘谨甚至忧郁的印象；龙给人一种自夸自满的感觉；蛇在灵敏的同时，又有傲慢、孤芳自赏、冷僻之嫌；马飘逸俊朗的外表之下，又有狂妄急躁、自负的心理；羊给人悲观、缺乏远见的印象；猴虽然聪慧，但又给人狡诈投机的不良印象；鸡表现出盲目崇拜之嫌；狗也如此，虽然忠心耿耿，但有时候表现出缺乏道德感的一面，经常狗仗人势；猪的缺点更是秃子头上的虱子——明摆着，给人一种只知吃喝、重物质、愚顽的印象。十二生肖优点突出，缺点也非常明显。每个人都有生肖，生肖与生肖的结合，是为了使生肖的优点更突出，产生相乘作用，所以，民间俗信认为，青年男女的结合，就是生肖与生肖的结合，这种结合是否合适，决定着两个人婚姻的命运。在民间，产生了众多与生肖是否相合有关的俗语，如“鸡猴不到头”“白马犯青牛”“金鸡见犬泪双流”“玉兔逢龙云外事”“虎蛇相逢不到头”“羊鼠相见多波折”“猪猴同圈即成囚”“羊虎相逢一旦休”“白猿没见黑脸猪”等,民众多以此为依据,判断男女双方的命相是否相合。

除此之外，人们还经常以金、木、水、火、土五行决定两人的婚姻是否合适，人们认为水能克火，所以，如若女方为水命，男方为火命，则婚事就会告吹，民俗认为，如果二人结合的话，女人将来就会伤夫克子。

八字不合的情况经常发生，按常理，八字不合，议婚即宣告失败。但有一种特殊情况，即男女双方皆极想成就这桩婚姻，为此，在某些地方，又出现了破解八字不合的习俗。如浙江平阳一带，八字不合，虽然男女不宜结合，但可以破解，其方法就是让新娘在出嫁时，离开娘家门时要先从鸡窝上跨过后才能上花轿，成婚后，两个月不能回门。

“合八字”之后，如果八字相合，男女双方就要交换庚帖，庚帖又称为“八字帖”，也称为“婚书”。庚帖更是有着丰富的吉祥寓意，这主要从庚帖所书文字上有明显体现，如男帖称为“龙帖”，上写“乾生 × 年 × 月 × 日 × 时”，同时，要另写一红纸柬帖，上写“久仰名门，愿结秦晋”，或“愧乏金田，敬请金诺”等，下方落款写“眷姻弟 ××× 暨子 ××× 现年 ×× 岁顿首”。女帖称“凤帖”，上写“坤造 × 年 × 月 × 日 × 时”，也另写一红纸柬帖，通常上写“德愧比凤，愿切乘龙”，或“幸借冰言，仰攀高门”，或“兹令冰讯，谨遵台允”等。下方落款写“眷姻弟 ××× 暨女 ××× 现年 ×× 岁顿首”。柬帖外壳像个信封，有彩绘的龙凤图案，一边写“天长地久”，一边写“地久天长”，而且，为图婚事的喜庆吉祥，庚帖要求一律用红纸书写。

3. 纳吉与吉祥

纳吉，民间常称之为"下帖子"。男方占卜八字，卜得吉兆，"合八字"通过后，就得备礼下帖子，通知女方家，婚姻初定，这就是纳吉。

帖子通常是用红纸来写，男方把男女双方姓名、生辰八字并排写好，送往女方家，女方家接下帖子，就表示答应了这门亲事，到了这一步，婚事就大致定下了。

古代纳吉之礼也是用雁，这在《仪礼·士昏礼第二》中有所记载，"纳吉，用雁，如纳采礼"，其吉祥含义，也如纳采之意。

4. 纳征与吉祥

《礼记·昏义》孔颖达疏："纳征者，纳聘财也。征，成也。先纳聘财，而后婚成。"

男方需要纳聘礼后才可成婚，故纳征又称"过大礼""纳币""下财礼"。下帖子后，男方就要下聘礼，将聘礼送往女方家，这是婚礼前最重要的程序。男方送聘礼到女方家，才表明已聘定女方为妻，下过聘礼后，虽还未举行婚礼，但女方名分已定，也表明夫妻关系已确定，二人婚约正式订立。

这时，男方首先会行纳征之礼，即先请两位或四位女性亲戚，要求这些亲戚必须为全福之人，然后，再会同媒人，带着聘金、礼金及聘礼到女方家中，行纳征之礼。

纳征所下聘礼，其含义是非常丰富的，《晋书·志十一》："太康八年，有司奏：婚礼纳征，大婚用玄纁束帛，加珪，马二驷。王侯玄纁束帛，加璧，乘马。大夫用玄纁束帛，加羊。"

随着社会发展，纳征之礼也有了地域、民族的差异，其吉祥含义也在不断变化。

在陕西洛南县，至今还有男女双方交换酒瓶上系的红头绳以示婚成的习俗。男女双方有意订婚时，男方在媒人陪同下，提着一瓶系有红头绳的酒来到女方家，饭后回去前，女方家将酒瓶里的酒倒出来，灌上白水，并将几片艾叶和一段葱放入酒瓶内，再系上红头绳，让男方带回去，这样，亲事就定下来了。这里纳征礼物所传达的吉祥含义是，提酒，寓意天长地久；灌白水，寓意白头偕老；放葱放艾，寓意明明白白；交换红头绳，寓意月下老人已将这门亲事拴定。

在很多地方，下聘礼以花生、红枣、莲子、桂圆、米、糖为主，吉祥含义由这些食品表达出来，花生、红枣、莲子寓意早生贵子，桂圆、米、糖象征甜蜜美满、团圆幸福。其中，桂圆又称“福圆”，有祝福新人圆满、多子、多孙、多福之意。

目前更为流行的纳征之礼，就是送金或银，或者是金银打造的首饰、配饰等。如在山东东明的“传启”习俗，既为纳征之礼，通常用红漆盒盛放，盒内所放礼物多是耳坠、戒指等，民间称此为“红定”。用红盒盛放金银首饰，用意很明显，预祝准夫妻日后红红火火、有金有银。

如今，纳征除了流行送彩礼外，喝定亲酒的习俗也非常盛行。如在山东很多地方，定亲有喝酒的风俗，男女双方家人及至亲好友，约定定亲喝酒日子。喝酒同时，还常常直接送一万零一元钱，其吉祥含义是夸赞女方万里挑一。

纳征的彩礼，是男方给女方的，在某些地方，女方还要给男方回礼，这在某些地方称作“回盘”。如陕西宜川县农村订婚时，男方父子带上送给女方的衣服、鞋袜、头巾和两瓶酒及糖果等来到女方家，女方家要设酒席招待，因此，订婚俗称“喝定亲酒”。喝酒之前，女方家人及亲朋好友要对未来的女婿评论一番，只要一开始喝酒，就意味着亲事定下来了。同时，女方家还要“回盘”，将回盘礼品在第二天送到男方家，礼物即鞋、馍、盐和黄豆，分别代表亲情、有饭吃、有缘分、生根发芽的含义。

5. 请期与吉祥

送聘礼后，男方就得请人占卜一个吉祥的迎娶日子，俗称“送日子”“提日子”。日子选定后，男方派人告知女方以征得女方的同意，这就是请期。《仪礼·昏义》记载：“请期，用雁。主人辞，宾许，告期，如纳征礼。”这也就是说，请期也要送雁为礼。

在我国请期日期的选定上，有许多禁忌和讲究，也就是说，请期要选好年份、好日子、好时辰，总之要选吉利日子，避免不吉利、凶日子。如古代我国大多数地区都盛行农历无立春年份不结婚的风俗，农历年无立春，被认为非常不吉利，非常不适合结婚，所以，迷信说法称此年份为“黑年”“寡年”“寡妇年”等，并且，民间还由此编出了寡年不吉利的俗语，如“寡年娶妻不养崽”“寡年娶了婆娘，新郎活不长久”等。

同样，结婚日期也要选好日子。如在某些地方，婚嫁吉日一定要选在双头日，寓意好事成双，或选择双六日，即当月初六日或十六日、周六日，寓意夫妻双方顺利一生。旧时请期之日，更要避开不吉利的日子，如在某些地方，结婚之日不能选在当月三十，因为这是一个月的“尽头日子”，此日婚嫁寓意好日子到头了，非常不吉利。还有些地方，结婚吉日不能选在初八，八的谐音有“巴巴结结”的意思，预示以后可能会过紧巴日子，因此，选在这天结婚很不吉利。

请期还非常讲究吉时，传统习俗中的吉时主要在夜间，因此形成夜婚风俗。之所以如此，主要是历史原因形成的。从历史上看，汉儒提倡“昏时行礼”，他们认为这是阴阳交替的时刻，以此来象征阴阳两种力量的结合，即男女的结合。男女的结合，就是婚姻，所以婚姻的解释就来源于此，即“婚者，昏时行礼，故曰婚”，也就是说：“娶妻之礼，以昏为期，因而名焉。”所以，至今很多地方夜婚风俗仍很流行。

议婚订婚成功，接下来就进入迎娶拜堂成亲婚礼阶段了，在婚姻礼俗中体现吉祥寓意最多的也数这一阶段。这一阶段又大致包括迎亲前的礼仪、迎亲礼仪、拜堂成亲礼仪三个阶段。每一个阶段都有众多的礼俗，众多礼俗中，又反映出人们的吉祥期盼。

## 二、迎亲前礼俗

迎亲前的礼俗很多，因地域差异，礼俗内容不同。普遍的礼俗多为下催妆、布置洞房、铺房压床、洒扫庭院、布置院落、布置拜堂喜堂、上头开脸、发送嫁妆等，这些礼俗中蕴含着大量的吉祥寓意。

1. 催嫁过礼待迎娶

“催妆”又称“催嫁”，意为催促女方要按时发嫁。从婚礼程序来看，请期的日子已选定，从请期到迎娶这一段时间，随着婚期慢慢临近，男方家就开始选定日子，派人通知女方家，催促出嫁女子准备好，以待迎娶，确保按时成亲。一般说来，下催妆的日子，多在结婚前一天，但也并非完全如此，如在山西大多数地区，下催妆或是在迎娶前几天，或是在头一天，也有的在迎娶的当天早上，男方家才打发人给女方下“过礼”，即男方派人到女方家“下催妆”。

下催嫁要行催嫁礼，礼品的多少及样式，都成为吉祥含义的载体。各地催嫁礼品的差异，又造成了各地催嫁吉祥含义的差别。如在黄河下游、淮河流域和长江下游地区，催嫁礼中必须有公鹅，催嫁时间为结婚前一日，男方带着包括公鹅的礼品到女家，女方家收下这只公鹅后，要配上一只母鹅，待第二天新娘出嫁时，这两只鹅要随花轿一起带到男方家。并且，按照风俗，这对鹅绝对不能宰杀，要一直喂养到其老死，以此象征新婚夫妇像这对鹅一样，白头偕老、相伴一生、幸福吉祥。

各地对催妆礼多有专门的称呼，称其为“过礼”“发嫁酒”“催嫁酒”等。所送“过礼”，又多与日常饮食有关，如山东临沂一带，催妆礼一般是红、蓝袄一对，化妆品一套，公、母鸡一对，鱼一对，肉一刀。所下催妆礼中，鸡称为“长命鸡”。下催妆时，女方若留下“长命鸡”，说明女方发嫁时要有“大盒子”。盒内须有“宽心面”“压岁馒头”“烧饼”和“拜鞋”（即由新娘送给男方家长辈和兄嫂、姐弟等的鞋）。

在大同一带，过礼时，男方送给女方的礼物是面粉和肉，面在此被称为“离娘面”，肉又叫作“离娘肉”，这不仅代表着父母对女儿的难以割舍之情，也代表着父母对女儿的叮咛嘱咐，更代表父母对女儿的期盼祝福。

2. 洞房布置喜字贴

很久以前，人们就习惯于把新人完婚的新房称为“洞房”，这与一则传说有关。相传远古时期，陶唐氏尧对百姓极为关心，经常亲临各地了解百姓疾苦。一天，他来到牧区，忽然闻到一阵幽香，一位漂亮女子从远处飘然而至，尧王非常惊羡，问牧民方知是鹿仙女。尧王从此食不甘味，一心惦记着仙女，决计下山寻仙。他带领四个大臣，访仙于晋南“仙洞沟”，久觅不得之际，忽见一梅花鹿从姑射仙洞走出，美丽异常，尧王知是仙女，飞快迎上前去。此时，不知从哪儿窜出一条大蟒，直奔尧王而来，尧王措手不及，危急之时，鹿仙女突然飘到他眼前，用手一指，大蟒顿时颤抖不已，仓皇而逃。

此事过后，二人互相欣赏，互生爱慕之情，最后喜结连理，并在姑射仙洞内完婚。完婚之日，祥云缭绕，百鸟和鸣。傍晚之时，一簇神火突然现于洞顶，耀眼夺目，光彩照人。自此，人们就称新房为洞房，称新婚之夜为洞房花烛夜，并且相沿成俗。

如今，洞房被看作是新婚夫妇新生活的起点，因此，民间对洞房的布置与装饰极为重视。装饰习俗中，寄托了父母对新婚夫妇的殷切祝福与吉祥期盼。

对洞房进行装饰，首先要把房内粉刷一新，新房新人新气象，预示新人日后新生活、幸福生活的开始。在新房装饰中，吉祥韵味最直接地体现在剪纸图案上。北方习惯以剪纸布置洞房，在洞房的窗子上、顶棚上、床帷子上、墙壁上、洞房门上等，都要贴上剪纸图案，如“百子图”“吉庆有余”“莲生贵子”“欢乐吉祥”“龙凤呈祥”“喜鹊登梅”“榴开百子”等。在南方和陕西、山西等地，洞房还有以各种刺绣来布置的。广东潮州一带，洞房内满目尽是各种各样的刺绣荷包，墙上、梁上、床上、窗上，所挂的尽是装有各种香料的荷包。荷包的造型有圆形、椭圆形、方形，也有桃形、如意形、石榴形等。荷包不仅造型美丽，图案也非常漂亮，有繁有简，有花卉、鸟、兽、虫、草，有山水、人物，有诗词，有吉祥语、祝福语等。荷包既好看，又很香，又充满吉祥气氛，在洞房放荷包可谓一举三得。

洞房的布置还因洞房房型的不同，有着不同的风格。如草原地区的人们一直以帐篷为主要居住场所，因此，洞房的布置多围绕帐篷进行。通常要对帐篷装饰一新，帐篷外面插旗挂彩，帐篷里面彩花串串，帐篷壁上还挂有象征吉祥的毯画等，帐篷地上铺有新的毡毯，整个帐篷充满了喜庆、欢乐、吉祥的气氛。

我国北方地区有睡炕的习惯，洞房的布置则以火炕和房屋粉刷为重点，如在山东胶东一带，洞房墙壁除了粉刷一新外，洞房火炕必须重新盘过，炕上铺有紫红色炕席，炕的一头摆有放置被褥的炕几，炕几上放有叠成条形的绣花被褥。炕的四周挂有漂亮的炕帷子，上方扎有顶棚，顶棚上贴有以红金纸剪出的各种喜庆剪纸，顶棚之下则挂有以彩纸扎制的各种装饰物，炕下北边靠墙处则放置着橱柜、桌子、椅子等家具，洞房门口挂有新娘刺绣的门帘，门上贴有喜联，显得更加喜庆。

洞房贴喜图

洞房是新人婚姻缔结的神圣之所，旧时对洞房的布置，在突出喜庆氛围的基础上，还要遵循诸多禁忌习俗。如在洞房天花板装饰方面，要求洞房的天花板可以装饰图案，但是不能太花哨，即不能装饰得五颜六色、奇形怪状。旧俗认为，这样的天花板类似于天龙八卦、天罗地网，新人住进这样的洞房，是非常不吉利的，身体被网住，容易百病丛生，病魔缠身。并且，洞房天花板的颜色，最好不用蓝色，蓝色属于冷色调，与吉祥喜庆不太吻合。洞房的布置在光线方面也有一些注意事项，如洞房整体布局不能太黑暗，不能让人感觉太压抑，或者太闷。所以，洞房最好在阳光充足的方位上，这才是吉祥之位。同时，洞房的方位，也要布局在空气流通、通风条件好的方位上，以免家具、装潢木材或油漆味影响人的呼吸系统和神经系统，等等。

无论洞房如何布置，从传统来看，洞房内的一对红烛或喜灯是必须要准备的。习俗上称红烛或喜灯为“长明灯”“长命灯”“长喜灯”。[①]从称呼上可以看出，红烛和喜灯有两重吉祥含义，一是预示着婚姻美满幸福，为此，洞房内红烛或喜灯要长明不熄，否则，夫妻不会长久，可能会半路离异；二是象征着夫妻未来的生命长久，若其中一只红烛先灭，则应将另一支吹灭，然后，再同时点亮。

除了洞房内的红烛外，洞房内喜桌上的其他物品，同样也具有一定的吉祥寓意，如旧时山西沁县一带，洞房里要摆上斗，斗内要装有五谷、铜镜等物，这些皆称为镇物，用于照妖辟邪、震慑妖魔。在晋中、晋南某些地方，人们把弓箭挂于墙上，作为震慑之物。民间认为，洞房是易受邪魔侵扰之地，如果不禳解、镇压，就对新郎新娘极为不利。将洞房看作易受邪魔侵扰之地，大概与一则传说有关。相传，很早以前，紫微星下凡，一日，在路上遇到一个披麻戴孝的女子，尾随在一伙迎亲队伍之后，他看出此女子乃魔鬼，要伺机作恶，于是，就决定跟踪

① 参见汤显祖：《牡丹亭》，上海古籍出版社，2015。

女子。但女子行动很快，等紫微星到了新郎家时，那女子也早已先到，并躲进了洞房。新郎新娘按照结婚礼节，先拜天地后进洞房，正要进洞房时，紫微星猛地走到洞房门前，坚决不让新婚夫妇二人进去，并说里面藏着魔鬼。众人相信了，就请他除掉魔鬼。他说："魔鬼怕人多，人多势众，魔鬼就不敢行凶作恶了。"于是，新郎就邀请众客人，大声地在洞房里嬉戏说笑，以笑声震慑邪鬼。果然，到了五更时分，魔鬼因害怕逃走了。由此也产生了众多的洞房驱鬼习俗。如在山西平鲁一带，入洞房之后，新郎要手持弓箭向四面做虚射之状，俗称"撵白虎"，这是为了吓唬妖魔，图个吉利。长江中下游地区也有此俗。如新人入洞房前，新郎要在前一晚就睡在洞房，并请两名女童手执红烛，将新房内照一遍，以震慑妖魔。或者，新郎进屋后，也要象征性地向新房四角各射一箭，或手执单刀朝每个角落虚砍一刀，并唱道："一砍妖，二砍怪，三砍魔鬼坏脑袋，四砍丧神快离开，笑看麒麟送子来。"

3. 铺房压床与吉祥

洞房布置的环节很多，而铺房是最重要的一环，也是吉祥含义体现最突出的地方。铺房习俗由来已久，唐宋渐已流行。这一习俗主要体现在两个方面，一是铺床，二是压床。

铺房以铺床为中心展开，这一习俗主要包括安床和铺床两个方面。铺床前要先安床，为了图吉利，安床也是有讲究的，如床的方位等。在山东，床都要紧靠东墙或西墙，因为这两边称为山墙，靠山墙安床就有靠山。有的还将婚床一头靠屋山，一头靠壁子墙，屋山为大山墙，壁子墙为小山墙，象征着以公婆为大靠山，以儿女为小靠山。

床安好后，就要铺床了。首先讲究的是铺床人，铺床人通常是娘家随嫁妆来的人，或是婆家人，或娘家人与婆家人合铺。对铺床人的要求是，必须由儿女双全的婶子或嫂子来铺床叠被，之所以如此，也是图个吉利，由儿女双全的人铺床，预示着新婚夫妇亦可以儿女双全。

铺床吉祥寓意也有不少，旧时要先摊席，然后，在床席四角放上枣、栗子、花生、高粱秸等物，然后再铺上被褥，很明显，这些物品分别象征着早生贵子、有粮食吃等吉祥意义。有的地方，则是在摊席、铺好被褥后，在被子里放上鸡蛋、团子等物，也象征着团团圆圆、早生贵子之意。

床铺好后，民间还有压床的习俗。所谓压床，即青年男女结婚的头天晚上，由新郎请一个或者两个弟弟，与自己一起在新床上就寝。

压床的吉祥含义包括早生贵子、多生多育、传宗接代、后继有人。当压床的人的条件之一，就是年龄必须要小于新郎，因此，压床人一般都是新郎自己的亲弟弟，或者是叔伯弟弟和姨表弟弟。如果新郎亲戚范围内没有这样人选，也可找要好的朋友来完成压床任务。

很多地方，压床求子只是走走形式，如让几个小男孩在床上滚一阵，若是有尿了床的情况，则被认为更加吉利。

地域不同，压床习俗也有不同。有的地方，不请小孩子或新郎弟弟又或是未婚小青年压床，而是由公公爹压床，如山东禹城。当地民间俗语称："公爹压新房，儿女一大帮。"[①]如果没有公公爹，也可由大伯哥代替。

还有的地方，是找一些全福老人压床。如河南某些地方，多由一些年龄大且辈分不高的全福老头、老太太滚床或压床，并且边滚边唱："今年滚滚斗，过年小孩就会走。今年滚滚升，过年小孩就会哼。"老人压床，多是边压边祝福，边祝福边压，在这种充满祝福吉祥的气氛中，使得婚礼更加有趣，而且，全福老人本身就是吉祥的象征。

有些地方，除了压床外，还有在床上或床的四角放东西的习俗，如山东，经常在婚床被褥下放一些东西，通常要有带把的，以此来祝愿新郎新娘将来生个"带把的"。在河南商城、光山一带，铺好床后，要在床的四角上放上四个鸡蛋，或四个萝卜，寓意着新娘日后能生四个儿子。

---

① 余运水等编著：《民间俗语》，中国文联出版社，2008，第 48 页。

4. 院落喜堂红气满

结婚当日是大喜之日，为了突出吉祥欢乐的气氛，院落的布置也非常重要，主要以喜棚、喜堂、喜帖与喜联为载体进行展现。

所谓喜棚，就是婚礼举行时男家为招待前来贺喜的亲友而搭建的临时性场所。古乐府诗《孔雀东南飞》曰："其日牛马嘶，新妇入青庐。"青庐，即喜棚，新婚夫妇交拜之礼是在布幔搭成的青庐中进行的。唐人段成式《酉阳杂俎》礼异卷对青庐也有所记载："北朝婚礼，青布幔为屋，在门内外，谓之青庐，于此交拜。"从记载来看，在青庐中成婚的习俗，唐代也很盛行，直到清代依旧流行，这在蒲松龄《聊斋志异》中有多处阐述。

随着社会发展，搭喜棚习俗仍旧存在，但主要在北方延续。举办婚礼时根据季节不同，通常搭建两种喜棚，一种是春夏用的凉棚，一种是秋冬用的暖棚。凉棚常以竹竿为柱，或用檩扎成框架，或是用蓬布、芦席围成框架，有围四面的，也有围三面的，还有围两面的等，围两面的透风透气较好。暖棚多是在棚内砌几个临时的火炉。喜棚内设多个酒桌，亲友在此相聚，杯盘满桌、觥筹交错、划拳猜令，虽然场地简陋，但喜庆的气氛却十分热烈。

从喜棚搭建规模来看，办喜事之家，多是根据自家宅院格局及家境富有程度来进行搭建。有些家境富有者，要聘请专业搭棚者，用竹木、芦席、彩布、麻绳等材料搭建成临时性厅堂，远远望去，屋脊挂檐，画栋明柱，一应俱全。棚上栏杆、天井、窗户及棚里挂屏、花墙、棚柱等，皆是油漆彩画，熠熠生辉，非常气派，更显庄重喜庆之感。

喜堂是新人举行婚礼的场所，因民间将拜天地仪式的场所设在堂屋中，因此有了喜堂之称。喜堂中最体现喜庆、吉祥的地方，当数北面正中墙上高悬的超大的红喜字或喜帷，有的两边还挂有喜联。大红喜字或喜帷下，摆放的是天地桌，天地桌又叫喜桌，喜桌上多铺有红绸帷子，两边各摆一只大红喜烛。为了突出喜庆色彩，很多地方还常用红绸子把喜桌腿、喜桌边全部包裹起来，甚至将喜堂中的柱子包裹起来，或者干脆连椅子、茶几也用红绸子包裹起来，这样就显得满堂红光，一屋喜气。

喜堂的布置，也是因地而异。有的地方是将喜堂粉刷一新，然后在神龛上烧香，在神龛下的方桌上点一对大红蜡烛，又在门槛处放一副马鞍，以表平安吉祥之意，最后在门槛之内的地上，点一盏七星灯，灯上罩一个竹筛，并将竹筛斜靠于门槛上。民俗认为，筛子乃辟邪之物，因此，民间为了吉利，用筛子装点喜堂，以作辟邪之用。在喜堂的中央，还要摆放两张跪垫，以供新郎、新娘拜堂之用。

还有的地方，不是将喜堂设在堂内，而是设在洞房门前。如山西许多地方，新郎、新娘进门后，行“拜堂”或“拜天地”之礼，是在洞房门前所设的一张供桌前进行，供桌上供有天地君亲师牌位，供桌上后方悬挂祖宗神幔。新郎、新娘就位后，由两位男宾指引，行三跪九叩礼，参拜天地、祖宗和父母，然后女东男西，行夫妻对拜之礼。

贴喜字帖和喜联，是烘托婚礼喜庆吉祥气氛的又一风俗。贴喜字的时间一般在结婚的前一天。从某种意义上说，我国婚礼中，喜字比喜联采用得更为广泛，我国大部分地区，都喜欢贴双喜字帖，几乎能贴的地方都要贴。如在男方家的每间屋中，以及各种较为显眼的家具上、窗户上、门额上、盛粮食的瓮上、盛水的缸上、迎亲的花轿上，甚至结婚用的被褥上、枕头上、门帘上、床帷子上等，都贴上喜字或绣上喜字。这样屋屋都带喜，屋屋都沾喜。贴喜联的地方与贴喜字帖的有所不同，除了在堂屋挂喜联外，通常还会在大门框与门边、屋门门框与门边、栏门门框与门边、厨房门框与门边等处贴上，这些地方贴上喜联，非常显眼，很远就能看见。人们进门之前还要瞅瞅，寓意抬头见喜。

5. 上头开脸与吉祥

“上头”习俗出现较早，五代之初，就有“上头”一词了，但在当时是针对女子笄礼而言的，也就是说，“上头”是一种女子成年礼俗。这种礼俗至今在某些地方仍旧传承，如西藏某些地区，女子到了十七岁，父母要为女儿行成年礼，即举行“上头”仪式。举行仪式的时间，通常在藏历年初二，父母要邀请一位有化妆专长的妇女，为女儿梳数十条辫子，辫子梳得要非常细致。梳头仪式过后，姑娘就已经成为成年人了，男青年可以向她示爱，并追求她了。后来，“上头”习俗开始由成年礼俗演变成女子出阁前的梳妆礼仪。

“上头”的吉祥含义，主要体现在上头人及上头俗语上。对上头人的选择有一定标准，即要选择全福人，并且，“上头”时还要说一些祝福早生贵子、多生多育的吉利话。如福建惠安一带新娘“上头”时，梳头的全福老人要用梳子、虱篦分别在新娘头上梳三下，嘴里随口念着“三下木梳三下虱篦，生子生孙一大阵”。

很多习俗因地而异，“上头”习俗亦是如此。在张家界土族地区，“上头”多是在姑娘出嫁前一晚，夜深人静时进行，“上头”之人不是由全福之人担任，而是由新娘亲嫂、本家婶娘及母亲主持。“上头”开始前，要先由准新郎送来黄杨木梳和红头绳，以备“上头”之用。“上头”之时，嫂子和本家婶娘拿着新郎送的“上头”之物，悄悄走进闺房，不让外人看见，然后，点燃香烛祭神。礼仪过后，再由新娘母亲亲自为女儿梳头，母亲把女儿的头发解散，用黄杨木梳象征性地在女儿头上梳三下，然后，再由一位最善梳头的婶娘或嫂子，把新娘的头发理成妇人的发式。此地的土族习俗要求，“上头”时梳头要一次成功，不能重新梳理，其吉祥寓意是夫妇一世恩爱，一梳到底，白头到老。

“上头”习俗延续到现在，也发生了一定程度的变化。如山东章丘一地，“上头”仅存其名，内容已发生根本性变化。“上头”已无梳妆之实，只是借“上头”之名，选一良辰吉日，女方的亲朋好友携带礼品或礼金，大家相聚饮酒，女方以“上头”之名，也有向亲朋好友宣布姑娘即将出嫁之意。而更多的地方，实际情况是虽然“上头”的名称及女子出阁梳头的内容还在传承，但梳头的形式发生了根本性的变化，即准新娘到专门理发店进行化妆盘头。

开脸习俗图

开脸习俗，也是女子出阁前的礼仪，此俗与一则传说有关。相传隋炀帝经常出宫强抢民女，特别是遇到民间结婚的轿子时，更是不放过，经常命令卫兵拦截婚轿，拦下之后，发现轿内的新娘漂亮就强行掳走。百姓闻之，结婚时只好悄悄进行，不敲锣打鼓，不吹吹打打。一日，有个非常聪明的新郎，为了风风光光地娶新娘，在冥思苦想之后，终于想出了一条好计策。他让媒婆将新娘脸上汗毛除尽，把眉毛修得又弯又长又细，并给新娘施了厚厚的脂粉。经过整修，新娘脸部白净异常，煞是好看，有些神圣不可侵犯之感。次日，新郎用装饰华丽的大红轿子前去迎接新娘，沿途一路猛吹猛奏。喧闹之声惊动了隋炀帝，他命令卫队前去盘问，新郎回答说这是迎接仙女之神，举办庙会。侍卫半信半疑，掀开轿帘，看到轿内的新娘，额如满月、脸若盈光、风采奕奕，似天女下凡，一时把侍卫看呆了，侍卫回过神来后，赶紧让其通过。

此事后来就传开了，大家都跟着学，时间一久，就变成了一种习俗，即姑娘出嫁前开脸的习俗。

开脸的内容就是整眉光面，旧时常用红线把脸上的绒毛绞掉，或者用两个煮熟的染红的鸡蛋在新娘的脸上滚几下；再用红纱将前额的头发往后抹，脸上涂上一层厚厚的香粉；再用双股棉线绞新娘脸上的汗毛，绞的时候要注意，用力要均匀，两手各拉一个头，线在两手间绷直，两线贴近姑娘的脸面，扯开、合拢三下，绞掉新娘脸上的汗毛，再反复绞掉脸部四周的汗毛。绞新娘脸上汗毛时，开脸人要边绞边唱祝福歌："左弹一线生贵子，右弹一线产娇男，一边三线弹得稳，小姐胎胎产麒麟。眉毛扯得弯月样，状元榜眼探花郎。我们今日恭喜你，恭喜贺喜你做新娘。”绞掉新娘脸上汗毛后，开脸人还要把新娘的眉毛修得又细又弯。开脸后，新娘显得更加光鲜漂亮。

6. 嫁妆与吉祥

嫁妆，又称“添柜”“添箱”“送嫁妆”，是迎娶前的重头戏。嫁妆的多少，代表着女子身价的高低，往往影响姑娘到婆家后的地位，因此，嫁妆常常讲究体面、排场，故嫁妆中体现吉祥与祝福的东西也特别多。

嫁妆通常包括嫁衣和妆奁两个方面，嫁衣又叫“吉服”“喜服”等，从名称就可以看出，嫁衣称呼直接蕴含吉祥含义。

旧时，嫁衣是新娘自己做，由此形成了做嫁衣的习俗。新娘对做嫁衣的技艺十分看重，由此也形成了一些俗语，如“忙嫁妆，忙嫁妆，忙就忙在嫁妆上”“婆婆脸色好看不好看，就看媳妇的针线”等。然而对新娘手艺的评判，不同的地区有不同的标准，如山西中部地区，旧时新娘出嫁时有“看鞋”的习俗，新娘做的鞋与其他嫁妆，要一起于结婚前一天送往男方家。男方家的婆婆、妯娌及邻居女眷们，会对这些鞋评头论足，评论的标准有两个：一是从鞋的整体看新娘的手艺如何；二是从鞋的尺寸看新娘的脚是否符合三寸金莲的标准，若鞋小得令人惊讶，不仅婆家拍手叫绝，就连邻里街坊也十分看重未来的新娘。为了达此目的，新娘不仅尽量把鞋做得很小、很窄，而且在手艺上也精益求精，追求整体的美感，为此，新娘多在鞋面上绣双石榴、葡萄、喜鹊登梅、牡丹等吉祥图案。不仅如此，新娘做鞋的数量，还十分讲究吉祥含义，即讲究双数，意为好事成双，因此，鞋的数量一般为 6 双，至少有 4 双，多的有 8 双，甚至还有 10 双的。

举案齐眉、相敬如宾，是人们对新婚夫妇寄予的一种婚姻祝福，为表达这一祝福，个别地区还有做肚兜嫁衣的习俗，如广东澄海一带，出嫁女子必须亲手缝制肚兜，而且必须是两个，这种肚兜为里外两层，里层多衬有连根带叶的桂圆枝、石榴枝、仙草枝等，俗称“草头肚兜”。洞房花烛夜时，由伴娘将肚兜分别系到新郎新娘的身上，寓意草头结发、举案齐眉、相敬如宾、相伴一生。

很多地方流行蒙红盖头习俗。这一习俗出现较早，源于东汉。这一习俗的形成，一是与传说有关，如传说蒙盖头是为防止喜神纣王抢亲，还有传说是纣王为惩罚虐待皇叔文种的恶妻，也有传说是桃花女为躲避周公陷害。更有传说与女娲有关，唐代人李冗说“昔宇宙初开之时，只有女娲兄妹二人在昆仑山，而天下未有人民，议以为夫妇，又自羞耻……其妹即来就兄，乃结草为扇以障其面”。这则传说，说明女娲蒙面遮首，是害羞所致。二是与战乱有关，唐代的杜佑曾说：“自东汉魏晋以来，时或艰虞，岁遇良吉，急于嫁娶，乃以纱縠蒙女首，而夫氏发之，因拜舅姑，便成婚礼，六礼悉舍。”

蒙红盖头习俗出现的原因虽然说法不同，但这一习俗的吉祥含义却是一致的，民间普遍认为此俗能够保佑新娘平安出嫁并趋吉避凶。

不仅红盖头多以红色绸缎制成，而且新娘也多穿红绢衫、绣花红袍、红裙、红裤、红绣花鞋，一身红色。红色是我国传统的吉祥颜色，这在新娘嫁衣上体现得非常明显。

妆奁既是新娘陪嫁物，又是婚后生活用具，因此，妆奁又称“陪嫁”“奁资”“妆奁家什”“嫁妆”等。

妆奁的数量可多可少，依据娘家条件而定。无论多与少，旧时的妆奁，其数量都论“抬”，之所以论“抬”，是与妆奁运送有关。每抬妆奁如同过去的茶桌，四面用红帷子挡上，上面四边有荷花栏杆，两边各有两根抬竿，由两人一前一后以双手或双肩抬着，故称作“抬”。也有的论“扛”,还有的论“箱”,或论“橱”“柜”“桌”等。妆奁数量，皆用吉祥的双数计算，多是十六抬至一百二十抬不等，中等之家一般为二十四抬、三十二抬、四十八抬，贫苦人家一般为六抬、八抬等。

妆奁物品不同，所体现的吉祥含义也不同。宋代文学家司马光所撰《温公书仪》卷三中对嫁妆做过陈述：“(亲迎)前期一日，女氏使人张陈其婿之室。(俗谓之‘铺房’。古虽无之，然今世俗所用，不可废也。床塌、荐席、椅床之类，婿家当具之；毡褥、帐幔、衾绹之类，女家当具之。所张陈者，但毡褥、帐幔、帷幕之类应用之物，其衣服袜履等不用者，皆锁之箧笥，世俗尽陈之，欲矜夸富多，此乃婢妾小人之态，不足为也。)”一般来说，旧时的妆奁大致有樟木箱子、子孙箱、顶箱、八仙桌、立柜、几案、方桌、圆桌、琴桌、炕桌、太师椅、靠椅、梳妆台、座钟、帽镜、掸瓶、长命灯、脸盆、脚盆、尿盆、子孙盆等，但无论数量多少，妆奁中一定要有一对长命灯，寓意新婚夫妇长命百岁，白头偕老。

地域不同，妆奁物品也不一。有些地方，妆奁物品是成套的，更体现了吉祥含义。如很多地方盛行的十铺十盖、十六铺十六盖，十铺或十六铺是指十床褥子或十六床褥子，十盖或十六盖是指十床被子或十六床被子。无论多少铺多少盖，数量都应是偶数，寓意好事成双。有些地方，妆奁物品有硬铺盖、软铺盖之分，所谓硬铺盖，是指木器之类的物品，软铺盖是指新被褥。缝制软铺盖是有要求的，即要请有福有寿的人缝制，寓意夫妻二人福寿同享。而硬铺盖则更有吉祥寓意，木器要求是“三圆”俱全，即马桶、脚盆、汤桶皆有，“三圆”与“三元”谐音，故有“三元及第”之意。其中，马桶又称“子桶”，是因为人坐桶上状如骑马，马桶内通常要装有红筷子，谐音为“快子”，即快快生子之意。

除此之外，妆奁物中很多物品都蕴含了“早生贵子”的吉祥含义，如陪嫁物中，有很多绣有各种图案的枕头、床单，“双鱼戏莲花”是常用的图案，有着明显的祝福意义。对这一图案，民间还编成了早生早育的顺口溜：“好比鱼是男的，莲是女的，先是逗哩，逗哩，逗着，逗着，就钻到一搭哩了。”

嫁妆准备妥当，接下来就是发嫁妆了，所谓“发嫁妆”，即发送嫁妆，也称作“行嫁”“过嫁妆”“搬嫁妆”等。通常来说，嫁妆包括各式生活物品，数量多、种类全，无法由单个人或几个人送到男方家，得需要十几人，甚至数十人来发送，因此，形成了“发嫁妆”习俗。

不仅如此，发嫁妆还是与面子有关的习俗，如广东有些地区，称发嫁妆为“发”嫁妆，而不能称为“送”，是因为该地认为“送上门的货不值钱”，娘家的嫁妆如果是“送”过来的，会大大有损于娘家的面子。习俗普遍认为，嫁妆的数量越多，娘家越有面子，或者说行嫁之人、行嫁之物越多，娘家越有面子，因此，一担担、一杠杠的嫁妆，朱漆髹金，流光溢彩，从娘家到夫家，浩浩荡荡，颇似一条披着红袍的金龙，蜿蜒数里。声势浩大的发嫁妆队伍，无不展现出新婚的喜庆吉祥。

为了更加体现娘家人的面子，还有比嫁妆多少的习俗，即看看谁家的嫁妆数量多。因此，在很多地区，又形成了一个为娘家人挣面子的习俗。即嫁妆发送到婆家之时，也是展示女方家风采的最佳时候，要把嫁妆一一摆开在庭院里，甚至庭院外，这就是许多地区流行的“亮嫁妆”风俗，有些地方称之为“摆架子”。

## 三、迎亲礼俗

迎亲礼仪也很多，从吉祥含义看，主要体现在迎亲工具、迎亲习俗、虐新郎、憋性及哭嫁等几个方面。

### 1. 花轿的吉祥寓意

迎亲交通工具种类很多，花样百出，有用花轿、喜车的，有用马、船的，还有甚至什么都不用，直接背新娘或抱新娘。在此，我们以花轿为例，说说其中的吉祥寓意。

用花轿迎亲的历史比较悠久。花轿的吉祥含义主要体现在对轿顶、轿框、轿杆的装饰上，如旧时花轿的轿顶子上通常有流苏，有“辟邪镜”。所谓“辟邪镜”，就是轿顶子上有一银白色珠子，珠子四周各有一面小镜子，这些镜子不仅增加美观程度，而且还可以防妖辟邪。对花轿轿框的装饰，就更加精美了，在轿框四周多挂红绿绸缎结成的彩球、彩绸或绸缎帷子，这些绸缎上的刺绣颜色艳丽，图案各异，有“百鸟朝凤”“富贵花开”“丹凤朝阳”“百子图”等，这些图案各代表不同的吉祥祝福。轿门门帘常用绣有凤凰、牡丹的图案。从远处看，整个轿子花花绿绿，鲜艳无比；从近处看，各种图案流光溢彩，吉祥味很浓。如此装饰一番，花轿成了名副其实的“花轿”，喜庆气氛突出得恰到好处。

地域不同，花轿也有异，吉祥意义也不尽相同。温州的花轿，称为“小八角”，即花轿上下为八个角，花轿顶上的装饰多用八仙人物，花轿三面多镂空雕刻有立体戏曲人物，四周挂满五彩缤纷的彩带。还有的花轿以吉祥对联作为装饰，突出喜庆色彩，如男家在轿门贴上联，由女方对下联。也有的地方，花轿虽然简单，但也能体现出吉祥之义，如在南方一些山区，迎亲时用“彩篷”，这种“彩篷”类似花轿，制作简易，十分轻便。新娘子坐在上面，比轿子摆动的幅度大，这更增加了情趣，新娘子在颤悠悠的“彩篷”中，前仰后合，但有惊无险，众人嘻嘻哈哈，很是喜庆。

旧时抬花轿也有很多讲究，抬花轿的人数要用双数，一般用四人或八人，也有用十六人的。通常情况下，平民女子出嫁是四人抬花轿，富贵人家的小姐出嫁则是八人抬花轿。抬轿子的轿夫穿戴也很讲究，有的地方的轿夫穿红戴绿，腰系红绸带子，和花轿相映衬，更显得喜气。

去新娘家里迎亲的花轿数量也不一，十分讲究吉祥意味。迎亲花轿可用一至三顶，如用一顶花轿迎亲，去时坐的是压轿的童子，回来时为新娘；如用两顶轿子迎亲，去时新郎乘坐一顶，压轿童子乘一顶，回来时新娘乘坐压轿童子的那顶；如用三顶轿子迎亲，一顶为新郎所乘，一顶为压轿童子所乘，回来时，新郎、新娘和送亲太太各乘坐一顶。

随着社会的发展，迎亲交通工具也发生了变化。二十世纪五十年代以来，有用自行车将新娘接到新郎家的，后来是用摩托车，还有用拖拉机的，现在多用汽车。用汽车迎亲，常用喜联来突出喜庆或吉祥的意味，对联的内容虽然简洁明了，但喜庆祝福之寓意体现得相当明显。

2. 吹吹打打迎新娘

迎亲路上的习俗包括两个方面，一是迎接新娘前的习俗，二是去迎接新娘路上的习俗。

首先，在出发迎接新娘之前，不同的习俗有不同的吉祥含义。如过去山东临沂一带，迎亲队伍出发前，夫家要举行若干仪式。天不亮时，新郎就要起身，打扮一新后，在父亲的带领下，向祖先牌位告祭，祈求祖先保佑和庇护，祈求先人降福于新人。

更多的地方，在迎亲之前，有吃喜面和鼓喜房的习俗。鼓乐齐鸣，满院子都洋溢着喜庆的气氛，热闹非凡。如山东胶东一带，旧时在迎接新娘之日的早上，喇叭匠要用大杆号对着新郎家的大门吹三通，接着又到洞房内鼓房，然后再吃喜面，吃过喜面后，就奏起欢快的迎亲曲。此时，轿夫已抬着花轿来到门前，新郎打扮一新，胸前戴朵大红绸子花，坐进轿子，前去迎亲。轿子一起，喇叭匠们就开始吹吹打打，鼓乐喧天，喜乐高奏。

其次，在迎亲路上，迎亲队伍更是充分体现了喜庆欢闹的吉祥色彩。除了鼓乐吹打体现喜庆外，还有以歌舞展示喜悦之情的，如中甸藏族迎亲时由喜官带领，喜官就是由男女双方家庭特意邀请的能说会唱的男子。迎亲者出门时唱告别歌，如泣如诉，此时，喜官手中要捧着洁白的哈达，带领队伍绕柱而歌。在途中，他们要唱路歌村歌，将一份深情以歌传给途中景物，传给全村人，祝愿村中万事万物美好兴盛。

迎亲花轿一路吹吹打打，轿子一到女方家，双方都要放铳。铳乃是一铁杆子，里面放火药，开关像牛鼻头。放铳乃寓意高升，故后来改为“放高升”。迎亲的花轿欲抬走新娘子也并非“易事”，同样也有很多习俗，这些习俗也体现出众多吉祥寓意。

3. 新人憋性习俗中的吉祥

所谓“憋性”，又称“劝性”，就是憋憋或劝劝新人的性子，也就是说，新娘并不急着上花轿，而是要先考验一下新郎的耐性。憋性也包括两个方面，既要憋憋新郎的性子，也要憋憋新娘的性子，憋性习俗中有着祝福新人生活幸福的吉祥寓意。

在很多地方，新郎迎亲到达女方家时，娘家人并不会让新娘很痛快地上花轿跟着新郎走，而是要用一些礼俗憋憋新郎的性子。如山东有很多地方就是如此，迎亲队伍到达女方家，女方家不立即开门，无奈之下，迎亲队伍中的吹鼓手要对着大门大吹一通，或者吹三遍，称之为“三吹三打”。“三吹三打”后，女方家会再让新郎唱歌，或者让新郎往大门里塞红包……新郎受尽“折磨”之后，才能把新娘家的门打开。当然,红包里的钱没有量的规定,可多可少,但象征着大吉大利。

憋性的方法还有很多，如在浙江义乌一带，迎亲队伍到女方家门前时，新娘家里不开门，要放大鞭炮、小鞭炮，俗称“开门炮”。更有甚者，还有虐新郎的习俗，如陕西洛南县一带，迎亲时，虐郎风俗表现为给新郎抹红脸，女方嫂子、姐妹及好友用红颜色涂抹新郎，新郎被涂抹成红脸关公，按照风俗，新郎不能生气，人们解释这种风俗为“喜事红到底，图一辈子吉利”。

憋性习俗比较普遍，憋性方法也有多种，无论何种方法，其目的是一致的，就是磨磨新人的性子，磨磨新人的火暴脾气，让新人从中学会忍让，学会忍耐，有助于日后两人能够形成性格上的默契，得到生活上的和谐，最终达到婚姻的幸福美满。除此之外，众多的憋性习俗必然也会为婚礼增加嬉闹、喜庆成分，成为夫妻二人日后的美好回忆。

并不是所有地区都有憋性习俗，但其他地区的迎亲习俗同样能体现吉祥与祝福之意。如旧时藏族迎亲队伍到达女方家时，迎亲队伍的喜官应上前恭迎送亲队伍，并要举行迎福仪式，这是因为送亲队伍是唱着福歌而来，表明福分将至，呼唤福主迎接。迎福者听歌后，要骑马绕送亲队伍一圈，道一声“辛苦”，然后高喊：“福分来了！”接着，喜官派人骑马回村至迎亲方家门，以示迎来福分。

同时，送亲队伍下马后，要将哈达献在背水女童的水缸上，以示吉祥如意，然后唱门歌。进门时，迎亲者边向送亲者和新人蘸水酒，边唱洒水歌。进门后，送亲者还要唱赞歌，并当众宣布陪嫁礼物。

4. 哭嫁习俗与吉祥

哭嫁，又称为“哭出嫁”，是既流行于汉族地区，又流行于少数民族地区的一种习俗。

关于哭嫁习俗的来源，民间认为与一则传说有关。相传很久以前，有个继母嫌弃前房留下的女儿，就早早地给该女子找了个婆家。出嫁之日，按风俗，当妈的只能对女儿说吉利话，可继母很害怕女子日后再回到家里来，就偏偏哭诉起来：“女儿啊，你红鞋去，白鞋来，出去莫到我家来。”女儿听后虽然心中悲寒，但还是感谢继母的养育之恩，也哭诉道：“娘啊，我小轿去，大轿来，麒麟送子抱儿来。”等到继母自己的亲生女儿到了出嫁年龄时，继母经过千挑万选，给女儿找了个大户富贵人家。出嫁之日，按照习俗，母亲给女儿说了一大堆吉利话。

可天不遂人愿，继母的亲生女儿因在娘家时娇生惯养，已被宠坏。到了婆家之后，延续在娘家的行为，以至于闹得夫妻成仇、婆媳吵嘴，家里整日鸡犬不宁，几年过后，家境迅速衰败下来。继母养大的前房女儿，在娘家时地位很低，养成了吃苦耐劳的习惯，到了婆家以后，孝敬公婆、侍奉丈夫、结交乡邻、夫妻和睦，一年以后，生了一个大胖儿子，夫妻二人日子越过越好。人们对比这两个女儿，婚前接受祝福与哭诉，对应了婚后痛苦与幸福的不同结局，因此认为女儿出嫁时，哭要比笑好，久而久之形成了哭嫁的风俗。

哭嫁时间可长可短，哭嫁人员有新娘、新娘母亲或女眷，哭嫁方式有大哭、小哭或游哭等，哭嫁歌有《哭父母》《哭哥嫂》《哭伯叔》《哭姐妹》《哭媒人》《哭梳头》《哭戴花》《哭辞爹离娘》《哭辞祖宗》《哭上轿》等，在哭嫁中体现吉祥含义是哭嫁的缘由。如客家人将其解释为“哭发，哭发，不哭不发、越哭越发，不仅娘家发，男家也发”；“新人不哭，娘家无福”；“不哭不体面，不哭不热闹，不哭不兴旺发达”等。还有的地方认为，姑娘出嫁离开娘家时如果不哭，往后就多灾多难，日子过得苦。也有的地方认为，“哭”与“福”谐音，所以，哭嫁就是哭福，因此，“哭福，哭福，不哭不福”。

新娘出嫁前吃上轿饭图

在我国很多地方，新娘上轿前，要吃一碗母亲做的饭，即“上轿饭”“离娘饭”。如旧时在山东，新娘上轿前，母亲要亲手为女儿做一碗水饺和面条混在一起的饭。水饺寓意是为了生儿育女才离开娘家的，面条寓意女儿婚姻天长地久。

5. 出阁或上轿习俗中的吉祥

新娘上轿也有讲究，也非常注重吉祥礼仪。新娘上轿前，多表现出与娘家难舍难分的感情，如赣南南康的客家人，新娘头盖红纱，顶筛，由兄弟背到厅堂，拜祖上轿后并不直接前往男方家，而是在女方家三进三退，然后才能上路，表达新娘对娘家的依依不舍。

新娘出阁，除了充分表示不舍之情，还充满了对未来的吉祥期盼。传统观念认为新娘担负着“合二姓之好，上以事宗庙，下以继后世”的使命。生儿育女是新娘的首要任务，不能生育在婆家是没有地位的，因此出阁习俗的一个吉祥含义就是祝愿新娘早生贵子和多生贵子，如粤东饶平一带，女子出嫁前须择日沐浴，沐浴时有讲究，要在浴盆中放入石榴等十二种植物的花或叶。沐浴完后，待嫁女子要坐在浴盆中吃下两个煮熟的鸡蛋，以此祈求婚后产育顺利。

俗话说“女儿是娘的心头肉”，女儿的幸福与否，为母的无时不牵挂着，由此衍生出娘家祝福女儿婚后生活的习俗。在旧时的上海，新娘出门前，都要先在娘家吃一碗以莲子、百合煮成的甜羹或糖水，代表着娘家希望女儿出嫁后过上甜蜜、无忧的生活。

还有的地方，当新娘离开娘家时，要含一口饭，这口饭象征着娘家和婆家的贫富，上轿后吐掉一半，留下一半，因此，吐这口饭要有一定的水平，吐的多了娘家富，留的多了娘家穷。

另有众多地方，旧时流行泼轿习俗。民间俗语说："嫁出去的女，泼出去的水。"女子出阁时的泼轿习俗因此产生，娘家人通过泼轿，充分表达自己对新娘的祝福。新娘上花轿后，由女方家母亲或嫂子往轿底下泼一盆水，这种习俗表示女儿出嫁后就不能再回头了。还有的地方，在新娘上轿后，由母亲端一盆清水用手蘸着向花轿上泼洒，边泼洒边念叨："钵水泼上轿，新娘变新样。"母亲边念叨，边为女儿祈祷，希望自己女儿一生幸福。如今，这一习俗依旧流行，但在形式上有所变异，如用自行车或汽车迎新娘时，仍有母亲向自行车或汽车泼水，并念叨两句祝福词的习俗。

女子出阁，但不能带走娘家的好运气，由此产生了新娘出嫁足不沾地的习俗，直到如今，我国很多地区仍旧存在新娘离家门被抱上轿的习俗。究其原因，是由于民间认为，新娘出嫁不能沾地，如果沾了地，就带走了娘家的土，而"土能生万物，地可产黄金"，新娘带走了娘家的泥土就意味着带走了娘家种庄稼的好运气。为了确保新娘足不沾地，新娘出嫁时，要在炕上换绣花鞋，并由哥哥或舅舅背着或抱上花轿，或者坐在椅子上，由送嫁客抬上花轿。

这种习俗，在很多地方还有不同形式和寓意，如旧时上海，女司仪都要在新娘出门时，拿出准备好的一双全新绣花鞋，待新娘登上轿子后，便立即让其更换新鞋，表示新娘离家已嫁作人妇，不能带走任何属于女方家的东西，寓意新娘将以后生活要完全交托于丈夫手上。

6. 迎亲返回路上的习俗与吉祥

迎亲回来的路上，也有众多的吉祥礼俗。首先，为了辟邪，比较普遍的习俗是避免"走回头路"，也就是说，迎亲和送亲两条路要选择不同的路线，去新娘家的路线与从新娘家回来的路线，不能重复。如河北蠡县一带，旧时多用花轿迎亲，在接上新娘返回男方家的路上，依照风俗，忌讳走重路，也就是忌讳走来时的路。为此，前去迎亲时多走直路，回来时则要多绕过几个村庄，而且，每过一个村庄，就要放炮鸣锣，吹吹打打，并走得很慢，为了让看热闹的人尽情围观，增加喜庆氛围。不仅线路有异，迎亲和送亲也不能走同一个村口，也就是说，送亲队伍来到男方村庄时，不能从迎亲队伍出来的同一个村口进入。

还有些地方，为了避免“走回头路”，讲究走大回环。如山西一带，迎亲路线一般要走大回环，即迎亲和送亲的路线是一个大圈子，其吉祥含义则又增加了一层，不仅仅是辟邪，更寓意婚姻圆满、美满。

从吉祥角度看，迎亲回来，旧时更注重的是路上的禁忌。如豫西鲁山县，迎娶者返回途中，遇到大树、大石头、碾、碌等，要贴上写有“红盖大吉”的红纸条。过桥时，新娘要向外扔铜钱。这都是为了图个吉利，避免鬼祟附身。晋中祁县一带，也有相似的礼仪，迎亲者返回时，遇到寺庙、井台或碾屋、磨坊时，为了防止白虎星等妖魔鬼怪相扰，要用随身携带的红毡或红布遮掩花轿。又如陕北一带，为了避免鬼怪抢劫新娘子，人们会对新娘进行装扮。旧时新娘上轿前打扮得十分光鲜，穿崭新的红衣绿裤，头戴色彩鲜艳的花朵，却把漂亮的脸蛋用锅底灰抹得黑黑的。黑黑的脸与光彩夺目的穿戴，形成了巨大的反差。依照民俗解释，这样做能预防鬼怪在娶亲回来的路上，将新娘子抢去。

还有一些地方，为了辟邪，在迎亲回来路上，或者说在女方送嫁的路上，女方家通常要派一位属全福之人的女性长辈或女司仪，为其撑起红伞，一路伴着新娘走向夫家，此寓意也很鲜明，即保护新娘不受妖邪入侵。

迎亲返回的路上，还有两种特殊情况，即在遇到婚事或丧事时，也要注意消灾避邪求吉祥。如晋中祁县一带，遇到别人的嫁妆队伍时，双方还要互换女红，民俗含义是为了消灾。直到现在，有些地方还有两支迎亲队伍相遇时互赠手帕的习俗。而迎亲队伍遇到出殡的，无论是官殡还是民葬，一般来讲，迎亲者要主动给出殡者让路，这是因为，俗语说“世上只有活人给死人让路的，没有死人给活人让路的”，同样也是为了图个吉利。

在迎亲回来的路上，不同的民族有着不同的吉祥表达方式，如德钦藏族以歌声为媒，送亲队伍、迎亲队伍的喜官都是唱歌的好手，因此，该族以歌声互道吉祥，互相祝福，也比较有代表性。当迎亲队伍到达女方家后，喜官唱起座歌，催促新人出门，送亲者则以相应唱词答之，请迎亲者耐心等待。新人出门前，喜官唱告别歌，用美好的唱词留下美好的祝愿。新娘出门，唱乘马歌，要营造一种吉祥的气氛。在迎亲回来的路上，迎亲和送亲双方要以问答形式，唱起程歌、拦路歌，过岔道唱岔道歌，遇桥梁唱过桥歌，见水唱水，见山唱山，见了玛尼堆就唱敬神歌。在问答唱和中，送亲者竭力设问，迎亲者设法流利应答，若有无以对答的情况，就客气地向送亲者敬酒献哈达，席地而坐的送亲者也就起身前行，使新娘在卜卦决定的时辰跨进新家。送亲者作趣，迎亲者凑趣，这样的方式使得迎亲和送亲这一路欢歌笑语，喜庆吉祥。

## 四、拜堂成亲礼俗中的吉祥

拜堂成亲是婚姻礼俗的重头戏，蕴含的吉祥文化更丰富，其包括的内容主要是进门习俗、拜堂成亲习俗、入洞房习俗、闹房听房习俗等。

1. 新娘进门多礼俗

新娘被迎接到男方家，进男方家门前，还有不少礼俗。如新娘临下花轿，或者下花轿后，须由全福人搀扶着下来，寓意福气临门。

平安是福，也是婚姻的一大幸事，因此，与之有关的进门习俗非常多。如天津一带，花轿到男方家门前，新娘下轿时，必须抱个宝瓶，同时，还得口含苹果，表示平安。这一习俗，影响久远，甚至连顺治、康熙、同治、光绪等皇帝大婚时，皇后下了凤辇，也要左手接过诰命夫人送上的紫金瓶，右手接过苹果，以表示平安幸福。

盛行于我国各地的跨马鞍习俗，也是对这一吉祥含义的诠释。这一习俗，唐代就已产生，很多学者认为此俗并非汉族习俗，是由边疆游牧民族传入。花轿来到男方家大门前，由新郎两个堂叔兄弟或亲兄弟扮演小丑迎上前。小丑都用红、黑色和白色的粉涂成大花脸，或头戴破纸帽，耳串红辣椒，或反穿烂皮袄，头顶向日葵或西瓜皮，或身披床单。小丑一边将马鞍放到花轿前已铺好的红毡毯上，一边嬉皮笑脸地向刚刚走下花轿的新娘，伸手讨见面礼。按照风俗，新娘不给他们见面礼，就休想进入男方家大门，只有新娘给了见面礼，司仪才唱道："新人跨马鞍，一世平安！"之后，新娘在接亲婆的搀扶下，与新郎一起双双跨过马鞍，平安进入男方家大门，寓意一世平安。

过去传统观念认为，不能平安的原因，就是有妖魔鬼怪在作祟，为达到平安吉祥的目的，兴起了很多习俗，如山东鱼台的燎轿习俗就是如此。新娘来到男方家门前时，迎接新娘的鞭炮响起，一位接亲人就将稻草点燃，然后在花轿的四周烘烤，俗称"燎轿"，寓意烧掉鬼祟，祈求幸福平安。还有的地方，有踩筛子的习俗，也有辟邪求平安的吉祥含义。如客家人的新娘进门前要踩米筛，筛子又叫"筛罗"，是辟邪之物，象征天罗地网，寓意各种妖魔在法物筛子面前都难以逃脱。

盛行于中原和某些边陲地区的进门前"撒谷豆""撒草"的习俗，也是源自求平安的吉祥心理。旧有观念认为，草是牛羊的食物，与谷豆类似，都可作为避煞的物品。因此，当花轿到来时，先是撒草人对着花轿唱下轿歌，唱罢，撒草人再递给新娘一只花瓶，又唱花瓶歌。新娘在迎嫁娘的搀扶下，顺着两块倒换的铺地红毡走向男方家，此时，撒草人左手持盛满干草的木斗，右手抓草随路抛撒，而且，一边撒草一边唱撒草歌。当一对新人进入院落时，撒草人还要唱拜天地歌。如今，撒草或撒豆的习俗已不多见，只是个别地方还有以变异形式传承的习俗，如在楼梯上往下撒麦麸。

需要说明的是，撒谷豆习俗除了寓意平安外，还有另外的吉祥含义。新娘上轿前撒谷豆，要请一位福寿双全的老太太，手持装有谷子、豆子等五谷杂粮的器物，到处抛撒，最后一把要撒在花轿当中。新娘下轿后，仍要撒谷豆，其含义是，女方希望女儿出嫁后吃穿不愁，享受清福。男方希望娶新妇后带来好运，五谷丰登。

寓意家和万事兴的新娘进门习俗也不少，如我国旧时不少地区存在进门不准踏门槛的习俗，并且做了详细规定，即新娘不准踏大门门槛、堂屋门槛、洞房门槛等，因为男方家大门门槛俗称“公公门槛”，堂屋门槛称“婆婆门槛”，洞房门槛称“老公门槛”，新娘进门时踏了哪道门槛就是踩了谁的脸，新娘以后就难以同男方家人和睦相处了。如果新娘不慎踩了门槛，就要请木匠将被踏的门槛锯掉换新，而且要将被踏门槛烧掉。

传统习俗认为，家和万事兴的前提是夫唱妇随，由此又产生了相应的习俗。广西荔浦一带，新娘花轿到男方家门口时，要有两个儿女双全、丈夫健在的福命妇人迎上前，撑起伞，扶新娘下轿。福命妇人人手中还要拿着尺子，趁新娘进入男方家大门时，在新娘头上轻轻敲三下，俗称“显威”，寓意新娘婚后要事事小心，处处谨慎，做事要有分寸，要尽心伺候丈夫。新娘进入男方家门时，要新郎在前，新娘在后，新娘还要踏着新郎的脚印走，俗称“踩三步”，寓意日后夫唱妇随，家庭和睦。

寓意幸福长久的进门习俗也不胜枚举。如云南苦聪新娘子进门退喜神的习俗，就是如此。苦聪民间俗信认为，男女相爱结为夫妻，是喜神支配的结果，因此，举行婚礼时，应退掉喜神，将其赶走，否则，喜神会经常缠身，使新婚夫妇一辈子不能爱情专一。缘于此，新娘到男方家要举行退喜神仪式：男方家的大门外摆一张方桌，上面放一个盛满米的斗，米上放两个鸡蛋，插三炷香，桌前铺一张草席。新娘到来后，就让这一对新人跪在草席上，磕三个头，杀一只公鸡，拿着沿桌子绕一圈，然后，将公鸡丢向右前方。主持仪式的人用嘴含三口酒、三口水，喷洒在新郎新娘的头上，行礼过后，新娘方能进入男方家。

山东有的地方也有此俗，新娘进门时，男方家要将用红纸包裹的一对红砖放到大门口屋顶上，再用两双红筷子插在这对砖的下方，同时，将一根红绳抛到屋顶上。按照风俗，屋顶上的砖、筷子、红绳永远不能取下，寓意新人将恩恩爱爱、永远厮守、爱情长久。

还有很多进门习俗，与生育后代、传宗接代的吉祥寓意有关。如汉族很多地方，花轿到新郎家里后，先放鞭炮，落轿前，红地毯早已铺好，新娘下轿走红地毯，脚不沾地；在有些地方，新娘下轿不走红地毯，而是被婆婆拉着走过场院中用麻袋铺的路，身后的麻袋要不断地传到前面去，倒换着踩，这叫“传种（宗）接袋（代）”。

也有不少进门习俗，是祝福新人日子越过越红火的。如山东泰安一带，新娘下轿前，先由两个姑娘递上手盒，再递上一包麸子、一包盐，让新娘攥在手中，寓意新娘贤惠、有福。又如遍及我国北方地区的迈火盆习俗，也是比较常见的新娘进门民俗，就是将火盆放在新郎家大门口，下了花轿的新娘从上面迈过去，预示着日子过得红火旺盛，祝福婚后二人的生活红红火火。

2. 拜天拜地拜父母

新娘子进男方家大门后，就要行拜堂成亲的礼俗了，拜堂礼俗中也有很多的吉祥含义。

首先，从拜堂的布置上，就透出了浓浓的吉祥氛围，到处都张贴大红的喜字，以及透着浓厚喜庆色彩的对联，还有各处悬挂的一盏盏彩灯，尤其是堂屋中间要高悬一盏方形彩灯，彩灯四面分别绘上“鸾凤和鸣”“观音送子”“状元及第”“合家欢”的祝福图案。

拜堂一俗，不同时代有不同内涵。唐代，新婚之妇见舅姑，俗称拜堂。北宋时，新婚日新妇须先拜家庙，行合卺礼，次日五更，用一桌子盛镜子于其上，望上展拜，谓之新妇展拜。至南宋，则改在新婚当天，新婚夫妇牵巾到中堂，先揭新娘盖头，然后“参拜堂，次诸家神及家庙，行参诸亲之礼”。后世新婚夫妇一般在迎娶当天先拜天地，然后拜堂。清代和民国时均有将拜天地和拜祖先统称为拜堂礼之说。总之，拜堂习俗的参拜对象，为天地、祖先及父母。

拜天地仪式中有众多的吉祥含义。在山东多数地区，通常将天地桌摆在天井中，新娘下轿进门后，在喜娘搀扶下踏着红毡来到天地桌前，有的是新娘坐在椅子上由两位族兄和表兄抬到天地桌前，然后，新郎新娘按男左女右顺序站位，在司仪高声唱礼中，拜天、拜地、拜祖宗、拜父母，最后夫妻对拜。在拜天地仪式举行时，有的地方还会有人不断将水一点一滴地洒在天地桌旁的火炉中，致使火炉发出如同祝贺声的噼噼啪啪声，火苗也蹿得老高，象征着夫妻婚后家业兴旺。有的地方，在拜天地时，人们会抓起天地桌上盛放的五谷，往一对新人的头上撒，称之为“撒穗”“撒福”。

在拜堂仪式上，各地既有共同的吉祥内容，如拜天、拜地、拜父母；也有颇具差异性的吉祥内容，如流行于广西全州县一带的讨钥匙拜堂风俗，就是如此。该风俗是在拜堂之日，将新娘嫁妆中的箱柜钥匙由其年幼弟妹，或其侄子、侄女中担任“送亲郎”的掌管。拜堂前，新郎须向送亲郎送红包，以便讨得新娘的钥匙，然后，再在拜堂后打开箱柜，并展示里面的谷米钱物等。箱柜里的物品，象征着二人婚后五谷丰登，家庭富裕吉祥。此风俗还很有喜庆色彩，若送亲郎嫌弃新郎所给红包太少，可不接红包。无奈之下，新郎须多次增添，受到一定“折磨”后，直至送亲郎收下，才最终讨得钥匙，然后，新郎才能欢欢喜喜与新娘拜堂成亲。

旧式婚礼体现着浓浓的吉祥意味，新式婚礼亦是如此。由于时代的发展，新式婚礼在拜堂仪式上有了新的内容。婚礼举行时，男方主婚人位于左侧，女方证婚人位于右侧，男方来宾分左右而立。婚礼仪式由司仪主持，除了一拜天地、二拜高堂、夫妻对拜外，新郎新娘还要向证婚人三鞠躬，再向主婚人三鞠躬，然后向男方来宾三鞠躬，并交换结婚戒指等信物。证婚人、主婚人皆在婚书上盖章，并由证婚人宣读婚书，读毕，证婚人致贺词，来宾道喜，男主婚人致答词。在新式婚礼各个程序中，主婚人、证婚人、来宾都会向新人祝福，祝福的内容多是四个方面：一是祝愿新人天长地久；二是祝愿新人早生贵子；三是祝愿新人家庭和睦；四是祝愿新人家业兴旺等。

拜堂的物品也有吉祥讲究。如旧时山东拜天地的天地桌上通常放一只斗，内盛高粱、谷子、小麦、栗子、大豆五种粮食，俗称“五谷”，上面蒙以红纸，斗中插一杆秤，斗旁放一面铜镜，前烧三炷高香，点一对龙凤花烛。在河南东部，拜堂物品有少许差异，在天地桌上通常也放斗，但斗中盛满的是小麦，中插一杆秤，上放一把杼、一面镜子、一块红布，为什么放这些东西呢？民俗认为："小麦"寓意新娘的到来能使男方家连年丰收；"秤"寓意新娘精打细算会过日子；"杼"与"住"谐音，寓意新娘能尽快适应男方家居住环境，在婆家长期住下来；"镜子"寓意新娘心明如镜，通情达理；"红布"则为了辟邪。

在拜堂习俗中，成亲的拜堂彩语同样也体现出吉祥寓意。如在广西很多地方，流行拜堂彩语，即通常要由新郎舅舅先点燃供桌上成对的喜烛，然后，再说喝彩庆贺之语，如"龙独光光，高照华堂，夫妻并寿，福禄成双"，"手拿花红丈二长，恭喜外甥娶新娘，鸾凤和鸣添福寿，夫妻和睦百年长"等。这些彩语，实际就是祝福之语，祝贺新郎新娘婚姻幸福，等到彩语祝词说完后，新郎新娘才拜天地、拜祖宗，再对拜成亲。

南方有吉祥彩语习俗，北方也有。在旧时河北一带，由事先约请的德高望重的人做婚礼的主持，也称傧相，相当于现在婚礼的司仪。傧相以唱念形式主持婚礼，句句都是吉祥祝福之语。如傧相首先唱道："傧相傧相，两步一丈，龙凤鸳鸯，和谐一双。"

接着，傧相针对新婚夫妇二人再唱"鸾凤和鸣""花好月圆""新房一闪红花开，家有金斗供龙牌""相府门上挂彩绸，千金小姐配王侯"之类的词。唱罢，新婚夫妇二人，依次拜完天地、高堂、先祖、土地、椿萱、亲朋，交拜，行交杯礼后，傧相又会唱道："交杯换盏两和好，夫妻白头偕到老。看新郎头顶金花呈吉祥，身披山水绣鸳鸯，乌靴白底红花衬，一身爽气投四方。看新娘五彩凤冠琳琅镶，紫带霞帔东飞凰。柳眉杏眼红绫罩，金莲知羞裙下藏。夫妻堂前花烛亮，一对鸳鸯巧成双。青山绿水永相映，房中笑语叙衷肠。花台点地鸳鸯谱，古星高照四时康。"

3. 洞房花烛合卺酒

拜天地之后的仪式是入洞房，有吉祥含义的入洞房礼俗很多。

入洞房是夫妻生活的开始，从此夫妻二人必须同心同德，才能使日子过得和和美美，才能百年好合、天长地久，带有相关吉祥含义的礼俗也不少。如夫妻绾同心结入洞房的习俗，就比较有代表性。自宋代开始，我国就兴起了洞房门楣挂彩缎、绾同心结、牵巾入洞房的习俗，这在文献典籍中也有所记载，孟元老在《东京梦华录·娶妇》中说："新人门额，用彩一段，碎裂其下，横抹挂之，婿入房，即众争扯小片而去，谓之'利市缴门红'。婿于床前请妇出，二家各出彩缎、绾一同心，谓之'牵巾'，男挂于笏，女搭于手，男倒行出，面皆相向，至家庙前参拜毕，女复倒行，扶入房讲拜。"[①] 清代后，新房门楣挂彩缎、绾同心结的风俗逐渐消失，清人褚人获在《坚瓠续集》卷四记载，江浙一带，"……女初至门，婿迎之，相者授以红绿连理之锦，各持一头，然后入，谓之'通心锦'，又谓之'合欢梁'……"今天也有此俗，如湖州一带，一对新人拜完天地后，司仪拿来两条红绿绸带，由新郎打一个结，新娘再打一个结，司仪则在一旁喊："同心结成双，恩爱万年长。"

还有些地方，新郎新娘入洞房，带有禳邪求吉的色彩。如扬州一带，新人入洞房时，要在路上摆一张趴趴凳，凳子上用红带子绑着一把斧头、一捆大葱，新娘要在喜娘的搀扶下，跨过趴趴凳进入洞房，此地习俗认为，斧头和大葱能去掉新娘身上的晦气、邪气，确保新娘永远清洁、光鲜。无独有偶，晋南一些地方，有新人在炕上踩四角的习俗，就是新郎拉着新娘，沿着炕边左转三圈，右转三圈，踩时，还要有人在旁边念诵赞语："踩，踩，踩四角，四角娘娘保护着。娃多着，女少着，婆夫两个常好着。"通过踩踩炕角，左转转右转转，赶走晦气，迎来吉祥。

---

① 孟元老：《东京梦华录》，中州古籍出版社，2010。

新人入洞房后的习俗，表达了新人鲜明的对婚后生活的愿望。如坐帐习俗，也就是新人进入洞房后，新人如何落座的习俗。民间认为，新娘进入洞房后，要按照一定方位坐在床上，不能随意走动，俗称“坐福”“坐床”“坐富贵”。坐帐习俗较为古老，流行较广，不仅在汉族地区流行，在少数民族地区也盛行，如湘西苗族的占床仪式，与此俗类似。

在很多地方，新娘坐帐还有面向喜神方向坐的习俗。喜神，又称“吉神”，是传说中保佑人们幸福和好运的吉利之神，喜神没有具体的神名，但有具体的方位。在婚礼中，祭祀喜神的仪式主要有两个：一是花轿放的方位，要面向喜神；二是新娘坐床的方位，要面向喜神。在民间，喜神所在的方位，要听从阴阳先生的指点，阴阳先生在确定结婚吉日的同时，一并选定喜神的方位，并将喜神的方位写在龙凤帖上。到时新娘按照阴阳先生所说的方向坐帐就可以了，这俗称是“迎喜神”或“坐福”。

进入洞房后，除了坐帐习俗外，还有撒帐习俗，这是一种祈求多生育子女与求富贵的习俗。这种习俗起源于汉代，《戊辰杂抄》云：“撒帐始于汉武帝。……李夫人初至……帝迎入帐中共坐，沓饮之后，预戒宫人，遥撒五色同心花果，帝与夫人以衣裾盛之，云得多，得子多也。”到了唐代，撒帐不用花果而用特别铸造的六铢钱，上刻“长命富贵”等字样。可见此时的撒帐，已由祈求多子，掺杂上对新婚夫妇日后家庭兴旺发达的祝福了。后世的撒帐，仍旧寓意乞子或求富贵。撒帐的用料上也多用米谷，或用花果，也有掺杂花瓣和铜钱的，五花八门。而今，撒帐习俗仍在各地盛行，有所不同的是，撒帐人、撒帐所用物品、撒帐时间、所撒物品的方向等有所变化，但其中所包含的“求子与求富贵”的吉祥宗旨，并没有发生多大变化。如云南昆明一带，撒帐仪式是由福寿双全的老人来执行的，所撒的物品为瓜子、松子、莲子、白果子和枣五种干果，撒的时间为新人坐床之后，撒的地方虽为洞房各处，但特别注重撒在喜床上，寓意为五子登科。又如在甘肃农村，撒帐则是由婆婆和公公两个人一起撒，婆婆用衣服前襟或小簸箕盛着红枣、栗子和桂圆等，当新娘坐床后，就不停地往新娘身上撒，寓意儿媳早生孩子，同时，公公往炕上撒香烟，寓意香火不断。

新人进入洞房后的重头戏，是饮合卺酒。夫妻喝合卺酒，与绾同心结类似，也有夫妻同心、恩爱万年的吉祥含义。合卺，俗称“交杯酒”。郑玄解释说：“合卺，破匏为之，以线连柄端，其制一同匏爵。”这里的匏，即为匏瓜，其果实比葫芦大，剖开可作为瓢。此意思是说，合卺并非交杯，而是指破匏为二，合之则为一。这种风俗的民俗意义，象征夫妇原为互不相关的个体，是“婚姻之柄”将他们联系在一起的。古代合卺是分瓢而饮，合二为一，到了后来，用酒杯取代。宋代，合卺已被交杯酒替代，宋代孟元老《东京梦华录》卷五记载：“……用两盏以彩结连之，互饮一盏，谓之‘交杯酒’。饮讫掷盏，并花冠子于床下，盏一仰一合，俗云‘大吉’。”这是说以彩线将两个杯盏连在一起，互相饮盏，饮罢扔掉酒盏，扔掉的酒盏像花冠一样在床下，并且一仰一合，其形状颇似夫妇合为一体的含义。如今在我国某些地方，还能看到宋代的遗风，如苏州一带，饮交杯酒时，要用红线将两只酒杯连在一起，新郎新娘各饮一半，然后交换并一齐饮尽，之后，将酒杯抛于床下，一仰一合为吉利，寓意夫妻百年好合。

新郎新娘喝合卺酒图

饮合卺酒的习俗发展至今，仪式上有所变化，如河南、山西一带，交杯酒成了“交欢酒”“交心酒”“团圆酒”了。又如山东的交杯酒，则用短红线两头拴一个制钱，新婚夫妇各执红线一端，同时端起酒杯，将酒一饮而尽，此谓“牵线饮”。还有很多地方，这种习俗变异为新郎新娘各用右手端一杯酒，然后各自将胳膊交叉后，再将酒一饮而尽，此谓“交臂酒”。显然，其形式虽然各异，但民俗含义未发生变化，仍旧象征着夫妻交心，以达百年好合。

有些地方，夫妻入洞房不仅要饮合卺酒，而且，还要吃“团圆饭”。如闽南一带，新郎新娘要同吃“圆仔”“猪心”，“圆仔”即小汤圆，吃“圆仔”也叫“食丸”“食圆”“食合婚圆”“食合房圆”，取意夫妻亲密圆满；“猪心”，闽南话与“知心”谐音，吃猪心，喻夫妻恩爱，同心同德。而福建安溪人“食圆”又比较特殊，有“换圆”之礼：以茶杯两个，各装汤圆两个，新郎新娘食前，由好命人用筷子将两个茶杯中的汤圆对换一下，并口诵吉句：“换圆换过来，生子生孙中秀才。换圆换过去，生子生孙中进士。”

新人入洞房后的挑盖头习俗，也体现着鲜明的吉祥色彩。盖头，是新娘上轿前梳妆完毕后，由全福人在闺房中罩在头上的，之后要一直戴着，到男方家进入洞房后才由新郎揭去，此礼俗被称为“挑盖头”或“揭盖头”。一般来说，辽宁、河北、山东、河南、山西、江苏、浙江一带，大都是用秤杆将盖头挑去，用秤杆挑盖头的吉祥含义很直白，就是寓意夫妻双方都称心如意。当然，也有用其他工具来挑盖头的，如苏州等地，红盖头由新郎用红绸子包起来的甘蔗来挑，其寓意也很明显，象征新人婚后生活如甘蔗一样节节高，越过越甜蜜。

夜深人散，闹房后，新人安寝也有吉祥讲究。新郎新娘上床安寝时，非常忌讳吹灭洞房内点燃的一对大红花烛，旧事说法，新婚夫妇谁若先把烛火吹灭，谁就先死，所以要让这对红花烛一夜长明，至燃尽为止。对此，民间有“左烛尽新郎先亡，右烛尽新娘先亡”的说法。

## 五、婚后礼俗

新人拜堂成亲、入洞房后，正式结为夫妇，婚礼也宣告结束，进入婚礼后的礼仪阶段。婚礼之后的礼俗有庙见、拜舅姑、上喜坟、教新媳妇、下厨、担水、暖女、回门等。这些习俗，也同样蕴含了吉祥文化。

1. 庙见拜祖的吉祥寓意

“庙见”，又称“祭祖”，是旧时婚俗中比较重要的一种风俗，是新娘得到男方家祖先承认，并正式成为男方家庭成员的一种祭祀性仪式。也就是说，新娘被认定为男方家庭成员，必须既要得到活人的认定，又要得到祖先灵魂的认定。民俗认为，若新妇没有庙见而死，就算不上成婚，死后要葬到娘家。庙见后，再拜见公婆，称为“拜舅姑”。庙见、拜舅姑后要奉送礼物，以礼物寓意吉祥。如客家人称“庙见”为“上厅”“拜厅头”，新郎新娘要到祖祠或“香火堂”拜祖，然后再拜公婆及长辈。“上厅”仪式举行时，要用一个猪头和数种菜肴祭祖，还要摆上香案，点上红烛，行跪拜礼，礼毕，新娘持菜刀将猪头劈开，俗称“开掌和”。之后，由伴娘执壶斟茶，新娘向亲友及长辈敬茶，俗称“饮新妇茶”，凡接受新娘敬茶者，都要赠送红包或饰物以表示祝福。

2. 上喜坟、教新媳妇与吉祥

有些地方，若没有家庙就不举行庙见之礼，而是用上坟的形式代替，俗称“上喜坟”，如山东高密、胶州、平度一带，都是如此。上喜坟的吉祥含义非常明显，就是告祭祖上，其后代又有一位子孙成家立业了，祈求先人在天之灵保佑全家平安、新人幸福。

在有些地方，还存在着教新媳妇的习俗，同样具有吉祥的寓意。教新媳妇的内容，主要包括夫妻间如何相处、婆媳之间如何相安、如何孝敬婆婆、如何生儿育女、如何遵守乡规民约、如何处理邻里关系、如何持家等。这些对于婚后家庭和睦、生育后代都有明显的教育意义。山西襄汾丁村民俗博物馆中展示的教新媳妇的内容，是以故事的形式来进行的。也就是说，此地教新媳妇，是通过讲故事的方式完成的，因此，此地教新媳妇又称“拜故事”，在讲故事前，新媳妇必须要站起来拜三拜，讲完之后，还要拜三拜。故事的内容有着鲜明的吉祥韵味，如对新媳妇讲的第一个故事通常叫“吃长命粜子”，也就是吃长寿面，吃饭的人有新郎新娘及伴娘，饭桌上摆有四大四小共八个菜碟，四个小碟分别盛有韭菜，代表着新人长久；有蒜薹，代表着会打算；有芹菜，代表着勤俭；有杏仁，代表着家业兴旺。四个大碟则分别盛有葱根、胡萝卜头、鸡蛋壳、炭料疙瘩等废弃物。按照风俗，每动一道菜，伴娘都要借题发挥，说上几句吉利话，如吃韭菜则说“韭菜韭，天长地久，久相爱”，吃废弃物则说“吃了鸡蛋壳，生个娃娃白又光”等。

3. 下厨担水习俗与吉祥

过去，还有新妇于婚后第三天下厨烧饭的习俗，这一习俗在唐代已出现，王建在《新嫁娘》中就说：“三日入厨下，洗手作羹汤，未谙姑食性，先遣小姑尝。”

新妇下厨的吉祥含义有时表现在食物名称的谐音上，如福州，婚后三日或次日傍晚，新妇会到厨房上灶台，熬猪油，煮几道菜，曰“试鼎”“试厨”。其间新妇少不了要煮一碗豆腐牡蛎汤，因福州话“豆腐”与“都有”谐音，“牡蛎”与“弟”同音，取意“添弟生子”。有时，新妇下厨的吉祥含义表现在象征意义上，如扬州一带，新妇下厨要烧柴火煮米，新妇所煮的米要为陈米，所烧的柴火也不能是当年的柴火，寓意新娘的到来将使男方家有吃不完的余粮，有烧不尽的柴火。新妇在往灶中添柴火时，一般要事先在灶柴火中藏有一挂二十响的鞭炮，因此，火点着时鞭炮就噼里啪啦响了起来，火星四溅，寓意男方家兴旺火爆。

还有的地方，新妇下厨有十分喜庆的含义，如河南北部地区，新妇下厨，俗称“试刀”，所试的项目为切面条，新妇所切面条称为“喜面”，和面要做到手光、盆光、面板光；擀饼、切条要利落；面条切得要又细又长、干净好看，整个过程要一气呵成。因此，对于这种带有考试性质的下厨，新妇要使出浑身解数，尽最大努力将喜面做好。小姑子则往往要参与捣乱，或是在面里掺米，或是掺水等。新妇下厨所做的面条，头锅面要孝敬公婆，祝福二老安康；二锅面要孝敬兄嫂，祝愿妯娌和睦；三锅面要敬丈夫，祝愿夫妻长久。然后，再将所煮的面条，由新郎端给族内各家，俗称“吃喜面”，寓意全族同喜。

除了下厨外，还有新妇担水的习俗，这一习俗也有吉祥寓意。如广东饶平一带，新妇到井上担水前，要事先向井中投入从娘家带来的一点红糖和一小撮泥土，红糖寓意新妇将与男方家村庄上的人甜蜜相处，泥土寓意新妇从此将在男方村庄中落地生根。

4. 暖女习俗与吉祥

暖女习俗，是女方家父母及亲属安慰出嫁女子的一种风俗，又称“暖嫁”“暖轿”。暖女习俗，在很多地方表现为女方家为新娘准备一些食物。姑娘出嫁刚刚来到男方家不适应，父母为使女儿生活上有一种安全感和舒适感，不仅要在新娘出嫁时以食物相送，而且要在女儿新婚三日内派人去男方家送些食物以尽父母之情。这种风俗在宋代很普遍，宋人赵德麟在《侯鲭录》说：“世之嫁女，三日送食，俗谓之暖女。”[①]

自清末民国之后，民间皆称暖女为“送饭”。如河北一带，有的自姑娘出嫁之日起连续三天由娘家送饭；在济南一带，有新娘婚后“三日不食夫家饭”的说法。那么女子吃娘家的什么饭呢？通常，女子出嫁时，娘家会为之准备一些点心和干果，作为女子到男方家第一天的食物；到第二天，娘家会送面条到男方家，称之为“抬头面”；然后，再送肉馅饼和一罐稀饭，寓意新娘到男方家将有吃有喝，生活幸福。在陕西乾县一带，暖女也是送饭，但一般送挂面。挂面煮熟后，第一碗新娘吃，第二碗新娘先吃一口，再让新郎吃。其吉祥寓意十分明显，新娘不会只管自己吃饱，会与丈夫有饭同吃，和睦相处。因此，这一风俗又称“和气饭”。

5. 回门习俗与吉祥

完婚之后，刚过门的新娘须择日回娘家省亲，称“回门”，亦称“归宁”“回鸾”“翻马”“头返倒”等。民俗认为，女子一旦嫁出就不再是娘家成员，新娘婚后返归，是以客人身份返回，因此，“回门”便

① 赵德麟：《侯鲭录》卷三，中华书局，2016。

有“做客”“做头次客”“做三日客”“新娘做客”“请头遭”的说法。回门时，通常是新郎陪伴新娘同行，取成双成对吉祥之意，故这一习俗又称“双回门”“双人返”。

此俗历史已久，早在春秋时期就有文字记载，回门习俗中的吉祥含义，主要体现在回门时往来的礼物上。如闽南一带，回门时，女方家的回礼中总少不了两根头尾俱全、连根带叶并缚有红线的甘蔗，返至男方家，新人须将此甘蔗竖放于洞房门后或搁在婚床上，表示夫妻感情持久、节节甘甜。

回门礼俗中，还有表示平安的吉祥含义，如山东德州一带，回门必须是由新娘的父亲来接，再由新娘的母亲送回来，俗语说：“爹接娘送，一辈子不生病。”

回门习俗中，也有表示早生贵子的吉祥寓意，如浙江宁波一带，流行着一种回门后走“仙桥”的风俗。回门那天，新郎新娘返回男方家时，新娘来到男方家门口，要从用一条条的长条凳子连起来的所谓“仙桥”上走，要一直走到新房内。新娘走的时候，还要有人给她递上一个荷包,并让新娘口含这个荷包从板凳上走进新房,这俗称是“鲤鱼跳龙门”。民间解释说，这是引导小孩子的灵魂进入新房中，可使新娘早怀孕，早得子。

回门礼俗中，也有考验新人能否同甘共苦的环节，如陕南一带，回门时，女方家要盛情款待前来省亲的新郎新娘。早饭时，女方家要端上一块大骨头，新郎要把骨头上的肉全部啃完，若嫌弃肉难吃或啃不干净，人们就会笑话新郎挑肥拣瘦。在中午宴席上，丈母娘还会给新郎端一碗饺子，经过一番推让，这碗饺子最后会落到新娘那里，新娘刚吃一口，就会被辣得“咝咝”吸气，辣得难受，因为，这碗饺子是用辣椒面包的。这时新娘就会把饺子推给新郎，新郎必须要吃完，有些新郎会只吃饺子皮，不吃馅，这样就能对付过去，但绝对不能不吃，因为，这是女方家考验新郎能否与新娘同甘共苦的一种习俗。

6. 结婚纪念日与吉祥

婚后礼仪行毕，新人就进入真正的婚姻生活。婚后一年的日子，就是第一个结婚纪念日。结婚纪念日体现的吉祥含义，主要表现在纪念日的名称上，婚后一年为“纸婚”，五年为“木婚”，十年为“锡婚”，十二年为“皮婚”，十五年为“晶婚”，二十年为“瓷婚”，二十五年为“银婚”，三十年为“象牙婚”，四十年为“绒毛婚”，五十年为“金婚”，七十五年为“钻石婚”。从名称来看，时间越长，越显得珍贵，其中又以“银婚”和“金婚”为两大重要纪念日，“钻石婚”则表示婚姻最幸福持久，也是最令人羡慕和向往的。

## 六、丧葬礼俗中的吉祥

丧葬习俗由来已久。丧葬的目的，是使逝者平安逝去，让生者心灵得到慰藉，并能让生者得到逝者的庇护与保佑。

丧葬礼俗的内容有很多，如葬法、墓祭制度、随葬品制度、丧服制度、居丧制度、棺椁制度、厚葬与薄葬等，这些礼俗内容中，都或多或少有吉祥成分，我们主要从葬法与丧葬礼仪两方面具体看一下。

1. 葬法与吉祥

葬法可有两种不同理解，一是以埋葬位置，即埋葬于何处作为标准，可分为土葬、水葬、火葬、树葬、塔葬等；二是按埋葬的方法划分，又可分为一次葬、二次葬、仰身直肢葬、俯身葬、屈肢葬、侧身葬、解肢葬等。对于葬法中所体现的吉祥含义，我们主要以具有代表性的土葬为例，简要介绍。

土葬，又称埋葬，埋葬于土中。土葬产生的年代较早，大约在旧石器时代中期就已开始。旧石器时代晚期开始流行竖穴墓（土坑墓），新石器时代以后，土葬开始大量使用，并逐渐衍变为多种形式，如新石器时代至汉代流行的大石墓、瓮棺葬；战国时期流行的石棺葬、砖石墓；始于商代，汉以后少见的木椁墓；战国末期到汉初，盛行于四川一带的船棺葬；始于战国，盛于六朝至隋唐的洞室墓等。土葬延续的历史较长，到了近现代实行火葬前，我国大多数民族也都实行土葬，而且，土葬方式也分为有棺椁土葬和无棺椁土葬两种形式。

土葬盛行范围很广，不仅汉族实行土葬，我国古代许多少数民族也实行土葬，如新石器时代晚期到汉代，南方古越族就是如此，他们还有石棺葬、土墩墓、土墩石室墓、铜鼓葬等，也有加墓道的土坑木椁墓。北方的少数民族中也有许多民族实行土葬，如唐代的靺鞨人“死者穿地埋之，以身衬土，无棺敛之具”（《旧唐书·列传第一百四十九·靺鞨》），宋元时期的女真人也实行土葬，“死者埋之而无棺椁，贵者生焚所宠奴婢、所乘鞍马以殉之，其祭祀饮食之物尽焚之”。①

尸体埋于地下，根据处理的方法不同，又可分为一次或二次葬等，在多数地区实行一次葬法，但在部分地区和民族中也实行二次葬法或多次葬法。

进入有阶级之分的社会以后，因时代、阶级、民族等的差异，土葬形制有了明显的差异，帝王土葬陵墓极尽奢华。在商周陵墓还未出现高大封土堆之前，已有地面享堂、大型地下墓室、椁室和墓道；春秋战国以后，开始在墓葬上方筑坟丘；秦汉时期，帝王陵墓已有类似山一般的高大封土堆、陵园以及地宫等。随着历史的发展，帝王陵墓更加辉煌，出现了宝顶、方城、明楼、石五供、棂星门、祾恩殿、祾恩门等一组组陵墓建筑以及由石像生、碑亭、大红门、石牌坊等组成的陵区前神道等。

2. 古代葬礼与吉祥

随着阶级的产生与分化，统治阶级不断丰富丧葬习俗的内容，并将之提升为系统礼节，到周代，丧礼已为古代五礼之一——凶礼的一

① 徐梦莘：《三朝北盟会编》，上海古籍出版社，1987。

部分。随着社会发展，丧礼逐渐成为凶礼的代名词。

丧礼因时间、地域的不同而有所不同，但从整体来看，丧葬礼仪大致可分为三个部分：殡丧礼仪、埋葬礼仪、祭祀服丧礼仪三部分。殡丧礼仪又主要包括初终、复、沐浴、饭含、小敛、大敛、殡、成服、朝夕哭奠等；埋葬礼仪主要包括筮、宅兆、建造棺椁、准备明器、卜择葬日、出殡、祭后土、回灵等；祭祀服丧礼仪主要包括初虞、再虞、三虞、卒哭、小祥、大祥等。三年服丧期满，还要举行除服仪式等。丧葬礼仪中，同样能体现出吉祥的寓意。

古代殡丧礼仪中的吉祥意义，多以各种忌讳的形式体现，也就是说，为了图吉利，不能触犯各种禁忌。首先，在旧时，如果人进入临危之际，应判断是否断气，民间常用的方法是把新丝绵放在人口鼻前，若绵丝不动就确认其已停止呼吸，这一习俗被称为“属纩”。此时，家人要尽快给死者沐浴或擦洗更衣。

死者断气后，家人要拿着死者衣服向着北方，拉长声音高呼死者姓名，呼唤死者回来，连喊三遍，然后把衣服从屋顶投下，进屋把衣服盖到死者身上，称作“复”，俗称“招魂”。如果招魂后死者还未苏醒，再验纩，如还不动，就确定为真死。“复”，是为挽救死者进行的最后努力，是尽爱之道，“复”之后才开始大哭，男主人呜咽而啼，兄弟大哭，妇女应捶胸顿足。

死者逝后躺在何处是很重要的，为图吉利，民间多有忌讳。一般不能让死者躺在原来的床上，而应卸一块门板作为尸床，或是用木板搭灵床。之所以如此，是因为民间认为，死者背着炕到阴间，过于沉重。

设床后，死者家属着素淡衣服，开始居丧，然后，在堂前竖一旗幡，上书死者名氏，让外人知道死者是谁，称作“铭旌”；接着，又在堂前庭中置一木牌，以象征死者亡灵，称为“设重”。到了晚上，家属就在堂前点上蜡烛，方便亡灵享用供品，称为“设燎”。

为了让死者在阴间有所依靠，传统葬礼中，还有饭含习俗。饭，就是把米放入死者口中；含，就是把玉放入死者口中。死者生前地位身份不同，到阴间的依靠也是不同的，如饭，“君用粱，大夫用稷，士用稻”（《周礼·地官·舍人》）；又如含，“天子含实以珠，诸侯以玉，大夫以玑，士以贝，庶人以谷实”（刘向《说苑·修文》）。

以上礼俗，多在一天内完成。第二天，家属要为死者穿上入棺寿衣，放进棺材，称为小殓。尸体入棺的讲究特别多，从棺材的铺垫、棺内随葬品、尸体在棺内的放法、棺材的加盖等，每一项都围绕着死者能顺利升天进行。有些地区在加盖前，要请和尚念经，驱赶灵柩旁的鬼魂，以免鬼魂侵扰，这种入棺仪式，也被称作大殓。大殓还必须注意，棺材盖要钉牢，接缝要严，有的还要在棺盖上加放钵、盆等，目的是使死者不会受到鬼怪的侵扰，进入阴间可得平安。

接下来，就进入丧葬的第一道正式程序，即报丧。死讯要及时告知亲朋、邻居等。因丧家在自家门外贴上丧事白纸或黄表纸，故街坊四邻不必报丧。报丧者一般由死者晚辈充任，报丧有许多规矩，报丧者一般不能进别人家屋，只在门外报告死讯，以免给人家带去不吉利。

报丧的同时，丧家还要设奠，也就是要在死者头前或脚后点一盏油灯，或者在一个碗里倒上菜油，用棉线搓成燃绳点燃，此灯被称为“长明灯”，点燃后直到出殡才被允许熄灭。

大殓后的第二天，凡属五服之内的死者亲属，都要按同死者关系的亲疏，穿上各自应穿的丧服，即成服。同时，要准备灵位，一方面说明死者身份，一方面方便吊唁，即吊丧。按古礼，吊唁死者的吊客也有一套礼仪，要穿上吊服。吊唁者要送给丧主钱物，这一习俗，在明清时称“奠仪”。现代所送的钱币、花圈、挽联、香纸、布帛等，仍称作奠仪，而所送布帛多是整幅，送给丧家时，可写上“×××千古”等字。

出门在外的子女，“始闻亲丧”时，首先要尽哀而哭，然后问明原因，再次号啕大哭，这是“闻丧”习俗。接着他们要穿上丧服、丧鞋，戴上丧冠，开始“奔丧”，日行百里，夜间不行。如果是父母之丧，则更是要启明星一出而行，见星而宿。道中哀至则哭，走路时要避开市邑喧繁之处，临到家时，看到其城要哭，望到家更要哭。到家后，先到灵前跪拜、哭悼，直到有人劝慰才止。

自成服吊丧后，死者亲属根据“事死如生”原则，早晚致奠，象征性地让死者吃饭，通常每日日出及日落前举行两次祭奠，若遇到月朔，也要设馔祭奠。祭奠时，孝子们大哭、跪拜，如此直至下葬为止，这又称作朝夕奠、朔望奠。

我们再看一下古代埋葬礼仪所体现的吉祥意义。尸体或尸骨下葬，称为埋葬。埋葬前，还要做一系列事情。首先，要由冢人、筮者、卜人等通过龟卜，选定下葬的日子、墓地的方位等，并且，在墓地前举行选定葬所的仪式，这称为筮宅兆。这一习俗，即阴宅风水之说，我国历代都非常盛行，无论官吏还是普通百姓，都极为重视阴宅的选择，迷信认为阴宅选得好，就占尽了好风水，可佑福子孙。

墓地选好后，就要进行营墓，即穿圹，还要刻碑志，以表彰死者。然后，要备好明器，即随葬品。同时，还可在灵柩所过之道，搭棚设酒馔于道之左右，届时望见灵柩将至，吊客烧香，倒上酒，望柩拜哭。一切准备妥当，到出殡日，就开始出殡了。

首先是启殡，就是将灵柩移到堂屋正中，准备出殡。出殡前，还要祖奠，就是把灵柩迁入祖庙祭奠，要遣奠，即为死者虚设宴席。礼毕后，灵柩出门。

灵车启行，前往墓地，称作“发引”，后世又称“出殡”。亲属以绳索牵引灵车，称作“执引”，以绳索牵引棺柩，称作“执绋”。发引队伍由丧主在前，他们边哭边行，前来助葬者也要执绋。汉武帝后，执绋者还要高唱挽歌。到了后世，富贵之家送葬的排场极大，亲友在灵车经过的地方搭棚祭奠，进行“路祭”，前由方相开道，乐队前导，雇人高举显示身份的旗幡，抬着纸扎的各种明器，僧尼、道士跟在后面念经诵号，一路抛撒纸钱，纸钱是为了“买路”，让沿路飘荡的孤魂不要阻挡死者的亡灵，让其顺利到达墓地，入土为安。

在送葬出殡过程中，还有撒灵和摔老盆的习俗，也体现了古人的种种忌讳。如撤灵堂习俗，灵堂或灵位是方便亲人吊唁的，出殡时，必须尽快撤掉，随送葬者前行。若不如此，亡魂留在家中，或者不肯离去，就不能把亡魂顺利地送到阴间，耽误死者重新投胎；而且，更会给活着的人带来麻烦和不利。

我们再来看一下古代祭祀服丧礼仪所体现的吉祥意义。祭祀服丧礼仪，又称“守制”礼俗。首先，死者下葬完毕，丧主用灵车载重，即用灵车把木牌拉回，归家而哭，称作“反哭”。反哭后，还需进行三次祭祀，称作“虞祭”。此后，行“卒哭”之礼，由“无时不哭”到“有时之哭”，即朝夕一哭，名为“卒哭”。接着，又行“斋七”礼，就是从人死之日，每七天为一祭，一直祭到第四十九天。这一习俗与佛教有关，佛教认为人死后在死此生彼之间，要寻求生缘，并以七日为一期，七日不得生缘，再续七日，至七七四十九日必生一处。因此，产生“做七”风俗。有些地方则有所不同，仅重视头七，其他几个七则不太重视。

出殡后第一百天为“百日”，要隆重祭奠。这天，孝子要闭门谢客，不问世事，不洗澡，不理发，并且要为死者烧纸，祈求死者和先人庇佑现世子孙。

死者满周年，要进行周年祭礼，这称为“小祥”，祥乃“吉”也。到小祥祭，孝子渐除丧服，换上吉服。父母死后两周年（满 25 个月）祭礼，称为“大祥”。按古礼，卒哭祭后，孝子只能吃粗饭饮水，小祥祭后才可以吃菜和果子，大祥祭后饭食中可用酱醋。大祥祭后就可“除服”，除服后，守制完成，丧家生活恢复正常。以后，每逢死者忌日，都要像守制一样祭祀。这是由于活着的人并不认为逝去的亲人已与自己永远诀别，他们认为，死者尽管肉体已失，但亡灵还在。因此，他们在死者忌日或年节，还要上坟送钱送吃喝，或者添上碗筷，以求逝者地下有知，永保家庭平安，佑护子孙后代。

# 第三章　福禄喜财与吉祥

福、禄、喜、财，是吉祥文化的核心内容，是一个人一生的追求，与人相伴一生。因此，我们将其列入人生礼仪民俗与吉祥文化的内容。首先，我们看一下福与吉祥文化。

## 一、求福祈福

福是我国吉祥文化中极为重要的概念，国人所言“吉祥”，多指福，因此，某种程度上吉祥可以释为福。福包罗万象，内容十分广泛，几乎包含了世俗生活中一切美好愿望与目标。但具体来讲，可将福的内容概括为五个方面，即五福。五福随时代变化而变化，因时代差异而差异，如《尚书·洪范》认为五福“一曰寿，二曰富，三曰康宁，四曰攸好德，五曰考终命”。汉朝桓谭《新论》则认为五福是“寿、富、贵、安乐、子孙众多”。后世又将“福、禄、寿、财、喜”列为五福的内容。五福只是对福的高度概括，实际生活中，福包含的内容要远远大于五福。

### 1. 福神产生的缘由

人人都祈求幸福，所以，在日常生活中，出现了大量与福有关的俗语，好地方称为“福地”，好消息称为“福音”，看到好东西称为有“眼福”，吃到好吃的东西称为有“口福”。所有这些，都反映了世人对福的祈求渴盼，这就是福神产生的心理渊源。

福神大致有两种来源，一是从自然之物演化而来，二是从历史人物演化而来。自然之物演化成福神，是指从星星演化成福星。最初人们认为，给自己带来幸福的是福星神。古人认为，浩渺无际的星空乃是众神的居所，每一点星光都是一位星辰之神。星辰之神虽然十分遥远，却是地上万物的主宰、幸福的佑护神。因此，人们顶礼膜拜这些星星，并将其命名为星神。道教兴起后，星神又被晋升官职，统称为星官。

天上的星星浩如烟海，人们只能择其一作为福星神拜祭。在众多的星星中，人们最终选择了木星为福星神。之所以如此，大概有如下几种原因：其一，木星为天空中较亮之星，较容易引起人们的注意。其二，与木星运行规律有关。古人将木星运行路径划分为十二段。木星绕太阳转动的速度，恰为地球十二分之一，故木星每进一宫，则代表地球一年。因此，木星又叫岁星，也就是说，岁星标志着旧一年的结束，新一年的开始。古人认为，木星照耀的国度，君王有福，政权稳定。这一学说，又被星相家们引申，称为“岁星所照，能降福于民”，即岁星照耀之地，百姓就可得到好运和幸福。《淮南子·天文训》中，有一段文字也提到木星运行周期为十二年，岁星所在之地，可保证五谷丰登。因此，自西汉以来，人们就开始把木星作为赐福之神。其三，与农业生产有关。古人不仅发现木星运行周期为十二年，还发现在其十二年周期内，地球气候呈现周期性变化，这种变化对农业生产至关重要。因此，在《史记》《汉书》等史书中，明确记载岁星是主管农业的星官，地位极高。其四，与历法有关。古代天文历法是古人根据天体运行规律制定的历法，其中一种是根据木星运行规律制定的历法。参照木星制定历法，这足以说明木星不是平凡之星。木星成为福星神，虽然成因众多，但实际上有一个关键点，即木星本身的运行对农业生产、历法、气候等都会产生影响，而且，这些影响具有周期性，或者说，地球上农业生产的好坏，与这位福星神关系密切。因此，木星当选为福神，保佑农业丰收，保佑人们幸福吉祥，是实至名归、当之无愧。

福神也有由历史真实人物演化而成的。据《新唐书·阳城传》记载：“（道）州产侏儒，岁贡诸朝。（阳）城哀其生离，无所进。帝使求之，城奏曰：‘州民尽短，若以贡，不知何者可供。’自是罢。”这是《新唐书》讲述的一个真实故事，即唐朝时期，道州每年都把身材矮小之人作为贡品，送到宫中。多年下来，道州侏儒所剩无几。于是，历任道州刺史为完成任务，想出了一个极为残酷的方法。此法就是把正常儿童置于陶罐中，只露其头部，由专人供给饮食。经过这种畸形手段，可制造出非正常侏儒，以此进贡。阳城接任道州刺史后，对此事大为恼火，就冒死上书给当朝皇帝，拒绝上贡，为当地百姓免除了此祸。为感谢阳城，当地百姓就把他当作福星供奉。

阳城后来被元代《三教源流搜神大全》吸纳为福神，并对真实人物阳城的故事有所改动，即“福神者，本道州刺史杨公讳成。昔汉武帝爱道州矮民，以为宫奴玩戏。……刺史杨公守郡，以表奏闻天子，云：‘臣按《五典》，本土只有矮民，无矮奴也。’武帝感悟，省之，自后更不复取。郡人立祠绘像供养，以为本州福神也。后天下士庶黎民皆绘像敬之。以为福禄神也。”

道教还相信，为人治病时进行祈祷，可祛病求福。在祈祷时，以文字形式体现，即写文书，一式三份，“请祷之法，书病人姓名，说服罪之意。作三通，其一上之天，着山上，其一埋之地，其一沉之水。”这就是道教通过“三官手书”，向“三官”即天官、地官和水官进行祈祷，以求祛病的方式。向三官祈祷治病，源于原始自然崇拜，即天、地、水崇拜。道教认为，天官赐福，地官赦罪，水官解厄，因此，天官成为道教诸神中影响最大的福神。南北朝时期，道教三官信仰又逐渐结合“三元”，合并成三元大帝的信仰。三元大帝分别诞生于正月十五日、七月十五日、十月十五日，根据其诞辰，又形成了专祀三元三节日，即上元节、中元节、下元节。三官大帝有明确分工，即“上元一品赐福天官，紫微大帝；中元二品赦罪地官，清虚大帝；下元三品解厄水官，洞阴大帝”。从其神权来看，三官之中，天官最为尊贵，也最受民间欢迎，因此，天官成为广为流传的吉祥神，即“福星”。

2. 吉祥福图

木星被选为福神，成为人们祈福的拜祭对象。拜祭要有相应的拜祭物，因此，刻画福神的形象就成为必须。最初，人们把木星描绘成怪兽模样，如唐朝开元时期，著名天文仪器制造家、画家梁令瓒所画的《五星二十八宿神形图》,是现存最古老的星官画像,里边描绘了金、木、水、火、土五星和二十八位星神形象。福星排在众星之首，但形象却不佳，一副怪兽模样，头部似虎非虎，豹目圆睁，身着简朴长衫，盘膝而坐，而且其座下竟是一头硕大野猪。

福神形象的转变，始自唐朝的阳城被尊为福神后。自那以后，阳城又被道教纳入神仙谱系，其形象开始大为改观。据元朝《三教源流搜神大全》记载，福神阳城已成为一位温厚长者形象，且天庭饱满，地阁方圆，一副大福大贵之相，此形象与现代福星模样几乎一样。

在祭祀活动中，福神又被俗世冠以官阶，或是朝廷大员，或是一品宰相，或是吏部天官。既然是官员，自然要穿上官服，因此，在近现代祈福纳祥的祭祀活动中，在衙署壁画中，或在民间年画中，福神多是一身朝服装束，红色袍服，龙绣玉带，手执大如意，足蹬朝靴，慈眉善目，五绺长髯，也有的头戴宰相帽，身穿大红袍，腰扎彩色带，手持如意柄，眉毛高挑，眼睛细长，长须五绺，面带笑容，总是给人一种雍容华贵、神采奕奕、喜庆福祥的感觉。

这种形象在很多以“福”为主题的年画中，如《天官赐福》《指日升高》以及壁画《加官晋爵》等，体现得非常明显。为了获得福神的恩赐，民间的福神年画，还常常给福神添加动作，或者杂以他物。在《天官赐福》年画中，天官的形象是双手展示“天官赐福”条幅，条幅之上，又有蝙蝠飞翔徘徊，寓意天降吉祥，人间得福。还有的福神年画，是天官手展“天官赐福”的诰封，前有招财童子、利市仙官分列左右，后有仙童拿着一个“福寿双全”的彩绣，充分表达了人们渴盼天官赐福的强烈愿望。还有一种天官福图，福神天官手托海水、福字，寓意更加明显，即“福如东海”。

还有很多福图是以吉祥动物为福图内容，表达求福祈福愿望的。如《五福捧寿图》，就是绘五只蝙蝠围成圆圈，圈中一个圆形寿纹，寓意是祝福老人长寿幸福，为了充分表达这种祝愿，五福捧寿不仅用于民俗年画中，还广泛用于各种事物上，如将此图贴在门上、墙上及各种用具上，甚至印在老人的衣服上，或者印在被盖、枕头上面等，期望老人抬头见福，时时有福，健康长寿。之所以用蝙蝠作为祝福之物，出自谐音，“蝙蝠”的谐音为“遍福”，以此祝福，有广为赐福之义。

以鹭为题，折射祈福之意，也是常用的福图之一。鹭，是一种水鸟，翅膀很大，但尾巴很短，脖颈很长，腿也很长，颜色纯白，外形优美，故有白鹭之称。鹭通常活动于江湖边，或水田沼泽，因此，择鹭作画，常以荷花、芦苇作背景，芦苇的“芦”与“路”谐音，而芦苇的生长，常是棵棵连成一片，故可取其谐音“连科”之意。而旧时的科举考试，连续考中恰谓之连科，故鹭与荷花、芦苇组成的福图，寓意十分明显，表示应试求第、仕途顺利、一路连科、福星高照。以鹭为画，又加以蝙蝠、寿星组成的吉祥图案，其组合意义是“一路福星”，寓意远行之人一路福星相伴，平安幸运。

以动物为题材的福图，还有很多。如以牡丹、雄鸡组成图案的福图，即《功名富贵图》，这是由于雄鸡为公，公又与“功”谐音，而雄鸡善鸣，鸣又与“名”谐音。组合起来，象征“功名”。获得功名，是人的福气。又如，鱼的谐音为“余”，隐喻富裕、有余，因此，以数尾金鱼绘入图案，表示祈富求福。以植物为图案，暗含福气的图画也不少，如海棠的“棠”字，与“堂”同音。以海棠、牡丹组成图案，喻为满堂富贵。而以玉兰花、牡丹组合成图，又喻为玉堂富贵，福气连连。

众多的吉祥福图中，还有一个特例，就是以福字本身组合成图，表达祝福的愿望。以福字本身象征福气，其妙处就是如何书写福字。有的福字，又含更多小字或数字，如暗含“多子、多才(财)、多田、多寿、多福”数个汉字，寓意“五福”合一。有的是从福字形体上做文章，如故意把福字写瘦，称为“长瘦福”，寓意健康长寿即为福。有的则是把福字故意写胖，寓意心宽体胖即为福。

3. 祈福祭拜与吉祥

通过祭祀、跪拜、杀牲、贴福门神、倒贴福字等活动，求得幸福光顾自家，是民间常用的求福求吉方法。

木星被赋予神职后，大受民间崇拜，广受民间祭祀。因其为岁星，传说每当旧年岁结束，新年岁开始之际，它便能降福于人间，故民间每当除夕之际都要等待岁星降临，以求获得福运，由此，便形成了守岁习俗。守岁习俗至今犹存，除夕之夜全家围炉团坐，终夜不眠，以祈望福星降临，来年幸福吉祥，家运兴旺。

从《史记·天官书》记载来看，为了让福气降临国家，早在秦汉时期，就有政府专门建造庙宇来供奉岁星了，而且，这种祭祀制度一直持续到晚清。在紫禁城南先农坛旁边就有一座祭祀岁星的大殿，每到金秋时节，皇帝会率领文武百官在此举行盛大仪式，祈求岁星赐福天下，保佑五谷丰登。

在民间，还常有贴门神画以求幸福吉祥的风俗。门神有武门神和文门神之分。继武将门神之后，后世又出现了文官门神，有迎福进财之意。民间常贴文官门神，以图幸福吉祥。

应该说，民间祭拜福神以求幸福吉祥，最有力的表现形式是贴福字。贴福字的习俗由来已久，与两则传说有关。一则传说是说姜子牙成名以前，天天在渭水河畔钓鱼，其钓鱼方法奇特，鱼钩用直钩而不是用弯钩，因此，他每日都是空手回家。对此，他的妻子就整天对他发牢骚，十分嫌弃他，最终回了娘家。实际上，姜子牙是以钓鱼为名，以钓贤者为实。后来，姜子牙被周文王启用，在即将召开封神大会时，姜子牙之妻听闻此事，就匆匆从娘家赶来，对他说："咱们夫妻一场，我和你一天好日子也没过上，如今你有能耐了，也封我一个神来当当吧。"姜子牙说："你跟我过日子的时候，不守妇道自己回了娘家，现在要我封你为神，别说神位都满了，就是有位置，我能给你个什么神呢？"他妻子说："随便，什么神都行。"姜子牙经不住她的纠缠，就说："那就封你一个穷神吧。"他妻子一想，人家当神仙都有供奉之地，我的供奉之地在哪呢？于是，她又说出了自己的疑问，姜子牙随口说道："凡有福的地方你都不能去。"这件事被民间百姓听到，于是，每到快过新年之时，为了躲避穷神，每家每户都在门口贴上福字，甚至在窗户上、玻璃上也都贴上福字，这样，穷神就再也进不来了。贴福字的习俗，就此流行开来。

另一则传说与马皇后有关。传说明朝开国皇帝朱元璋登基不久，元宵节时在杏花巷微服私访，看到一群人围着一盏大型彩灯，灯上画着一只红腚大马猴抱着一只绣花鞋哭，画的意思是讽刺皇后马秀英脚大。一位老者见此彩灯不雅，就走到灯前说：“皇上让我们过上了好日子，我们应该称颂感谢才对，为啥还讽刺他的马皇后呢？”老者边说边用拐杖砸彩灯，卖灯者就把老者打了。朱元璋正走到此，就凑到老人跟前，把他扶进了一家铺子，用手拭去老人脸上的血迹。朱元璋问清老人姓名住址后，就向铺主要了一张红纸和毛笔，在纸上写了一个很大的福字。然后对老人说：“元宵佳节无以赠送，就把这个吉祥字送给您吧，您把它贴在门上，就会带来吉祥。”朱元璋辞别了老人，回到宫中非常生气，传令要血洗杏花巷，但要留下门前贴福字的人家。皇后很快就知道了此事，询问皇上缘由，朱元璋就把杏花巷所见之事告诉了她。皇后一听，赶紧对朱元璋说：“今晚是元宵佳节，杀人不吉利，要等明天晚上再说。”于是，马皇后就让御膳房送上酒菜，与皇上畅饮，皇上因心里不大高兴，喝了一会儿酒有些“上头”，就上龙床休息去了。此时，皇后马秀英趁皇上喝醉之机，下令让应天府尹动用所有兵力，把写好的福字挨家挨户发下去，统统都贴在门上。第二天晚上，朱元璋派的人到了杏花巷，见所有人家门上都贴有福字，一个人也没敢杀就回来了。马皇后就对皇上说：“这是老天旨意，不让你滥杀无辜，如果你一意孤行，定会留下千古骂名。”朱元璋一听，认为皇后说得有理，只好压下心中怒火作罢。事后，皇上不再生气，皇后马秀英就把真相告诉了他，朱元璋如梦初醒，非常佩服皇后的容人之量。于是，从那时起，民间开始流行过年门上贴福字的习俗。

如今门上贴福字的习俗流传已久，贴福字也是十分有讲究的，如福字必须要倒贴，之所以如此，大致有两种原因。其一，这是利用谐音，即以“倒”谐音“到”，意思很直白，就是“福到了”。而且，福字倒贴，还有一层意思，就是应该让福到（倒）在家里，而不是到（倒）在门外，因此自家门外福字正着贴，自家门里所有地方，如里屋门、柜子门、箱子门、墙上等，都必须倒着贴，表示“福”到（倒）家里。其二，福字倒贴，与清代恭亲王府还有关系。原来，福字是不倒贴的，在一年春节的前夕，恭亲王府的大管家为讨主子欢心，按照惯例，写完很多福字后，就让人贴于库房及王府大门上，但有个人却不识字，误将大门上“福”字贴倒了，恰好，此字被恭亲王福晋看到，恭亲王福晋十分恼火，大管家赶紧上前解释，他能言善辩，跪在地上说：“奴才常听人说，恭亲王寿高福大造化大，如今大福真的到（倒）了，此乃吉庆之兆。”福晋听罢，心里也开始嘀咕：“怪不得我来的时候，过往行人都说恭亲王府福到（倒）了，看来吉语说千遍，金银增万贯。”于是，恭亲王不但没有惩罚，反而重赏了管家和贴倒福的人。此后，福字倒贴的风气，就传入寻常百姓家，并相沿成俗。

为了追求吉祥幸福，民间还有很多人家，习惯将福字精描细绘成各种图案，如寿星、寿桃、鲤鱼跳龙门、五谷丰登、龙凤呈祥等图案，然后再贴到家里，祈求福气加倍。

在民间，祈福求福习俗还有一些形式，如“摸福”习俗就很流行。在四川著名禅院新都宝光寺，在其山门照壁墙正中，就有一块大如桌面的石刻“福”字。俗传人们站在山门前，闭目走过去，谁若能摸到福字，便会福气临门，故人们每到寺中，都要测试一下，能否摸到福字，能否幸福吉祥。“摸福”活动为广大群众所喜闻乐见，在全国许多地方都有此风俗，摸法也大致相同，但摸福求福的说法，因地而有差异。如福建福清灵石山国家森林公园内的福字石，福字系清道光四年（1824 年）瑟江翁飞云书刻。传说谁能摸到福字的顶端，谁就能得到观涧亭下香石。据地方志载，该香石“手摩有香气”，得者福分无穷。

更为有趣的是，民间还有踩福的习俗。我国很多古代民居建筑，有在正门前或屋门前，用红砖、灰砖或是杂色砖铺砌成由五只蝙蝠组成的五福临门地面图案，除起装饰作用外，还有一种说法，就是谁要出门踩了五只蝙蝠中的一只，谁就有福，就预示着此人今后会吉祥如意、瑞福进宅。

另外，全国不少地方流行的祝福活动，也是求福祭拜风俗之一。如起源于元初的绍兴祝福习俗，就是如此。绍兴土话称其为“请大菩萨”，也叫“请祝福菩萨”。该祝福活动通常在农历十二月二十日至三十日之间进行，祝福开始前，先要在祭桌上摆好碗、筷、酒盅，右边要放好“刀俎”，左边要放盐盘和鸡血，盐盘里再放上两块豆腐干。祭品除鱼要活的之外，多数是必须要煮熟的。一般人家用“三牲福礼”祝福，即用肉一方、鱼一条、鹅一只。若讲究一点的，还要加上鸡和牛肉（或羊肉），叫“五牲福礼”。最讲究的，还要加上熊掌、羊肉，称为“七牲福礼”。在祝福“福礼”上，要横七竖八地插上一些红筷子，数目要成单，以七、九为宜，其祝福仪式须由男性当家人主持，男丁按辈分要行三跪九叩大礼，妇女和个别忌生肖男丁还要回避。祝福完毕以后，就是“散福”，即邀请左邻右舍、至亲好友来家喝散福酒，吃散福糕。当地民谚云：“吃了散福糕，来年节节高。”

除以上祝福活动外，我国还有祭祖求福的习俗。祭祖主要目的就是祈求祖灵福佑，所以，旧时浙江一带称祭祖为祝福，如清朝范寅《越谚》说：“祝福，岁暮谢年，谢神祖。名此。”祭毕祖神，还要用煮过的祭物汁汤，烧成年糕或者煮面吃，这叫作“散福”，即象征着祖神散福全家。

## 二、功名福禄

《说文解字》中曰：“禄，福也。”[①] 这是根据禄的本义来说的，即

① 许慎撰，徐铉校定：《说文解字》卷一，中华书局，2013。

禄的本义为福气、福运。从禄字本身来看，禄为形声字，从示，录声。从禄的本义出发，逐渐延伸出高官厚禄、爵位俸禄、禄仕薪水等含义。因此，人们普遍认为，获得福气的最重要途径之一就是做官享受俸禄，并由此淡化本义，而逐渐将禄定格为官吏俸禄的意思。

1. 禄神崇拜的缘由

高官厚禄，是人人都向往的，但实际情形是，人们所追逐的高官厚禄，并不是太容易得到的。于是，人们便期望通过一定的神灵来实现，于是便产生了禄神崇拜，禄神就是人们所创造的掌管文运利禄的神灵。

自隋唐以来，科举取士蔚然成风，科举取士又以文章为标准，文章做得好就能获得仕途厚禄，就能做官发财。而古人认为，文章做得好坏，除本人的功底水平外，还与神灵有关，也就是说，写文章之人是否有文运，还与是否有禄神相助有关。从这个意义上讲，禄神崇拜便也包含对文运的祈求，故禄神也是文神。

文曲星图

民众创造禄神的线索有两个，一是依据天上的星辰塑造文运神灵。旧时人们相信，禄神一定是星神，天上定有星辰主宰人间的福禄或官运。在众多的星辰中，人们选定天上北斗星的第六颗星，并把这颗星称为“禄星”“文昌星”或“文曲星”，这在《史记·天官书》有所记载：“曰文昌宫，一曰上将，二曰次将，三曰贵相，四曰司命，五曰司中，六曰司禄。”司禄，即职司功名利禄的禄星。

另一线索就是直接把人神作为禄神，即把梓潼神张亚子看作禄神。

张亚子是由历史上蜀人张育与亚子两位人物合成的神灵。张育确有其人，是东晋人，晋宁康二年（374 年），张育自称蜀王，起义抗击前秦苻坚，英勇战死，蜀人就在梓潼郡七曲山建张育祠，尊奉他为雷泽龙神。当时梓潼七曲山还另有一位神仙，即亚子，后人遂将两神的名字合起来，合称张亚子，张亚子便成了梓潼神。但这位神仙最初地位并不出众，是无足轻重的地方小神，被供奉于荒郊野外的小庙之内，香火并不旺盛。

张亚子神仙地位的上升，与东晋时后秦君主姚苌有关。《太平寰宇记》曾记载张亚子显灵的神异故事，张亚子在长安见到姚苌，就对他说："劫后九年，君当入蜀，若至梓潼七曲山，幸当见寻。"《十六国春秋辑补·后秦录》又补说，姚苌在前秦建元年间，果然来到梓潼七曲山，见到了一神人。神人说："君早还秦，秦无主，其在君乎？"姚苌请问那神人的姓名，神人说他叫张亚子，说罢就不见了。姚苌后果然称帝，于是就在秦地设立张相公庙，以此祭祀张亚子，张亚子的名气才渐渐大起来。

真正促使张亚子名声大噪的是唐代帝王。唐安史之乱时，唐玄宗逃往蜀地，途经七曲山并宿于该山，曾做一梦，在梦中见到了张亚子，张亚子说玄宗不久将做太上皇。公元 881 年，唐僖宗避黄巢起义，逃往蜀地，也途经七曲山，他亲自祭祀梓潼神，并追封张亚子为济顺王，还将自己的佩剑解下来赠给这位神仙。由于唐朝帝王的推崇，张亚子的影响力迅速扩大，逐渐由地方神演变为全国性的大神。

到了宋代，张亚子的名气已非同小可，庙宇遍布各地。当然，梓潼神的出名还与其所谓的"显灵"十分应验不无关系。

在宋代，人们已十分相信梓潼神显灵应验之事。诗人陆游也很是相信，所以他在《老学庵笔记》中说："李知几少时，祈梦于梓潼神。是夕，梦至成都天宁观，有道士指织女支机石曰：'以是为名字，则即第矣！'遂改名石，字知几，是岁过省。"宋朝蔡絛《铁围山丛谈》也说，长安西去蜀道的梓潼神祠，向来号称灵异。士大夫经过梓潼祠，若有风雨相送，必官至宰相；进士经过梓潼祠，得风雨相送，必中状元。相传自古以来没有一个不灵验的。这些传说使得梓潼神成为真正主宰功名利禄的神灵，为当时士人所崇拜。

宋代文人学士相信梓潼神灵验的同时，宋朝的帝王对他也多有敕封，如宋真宗封其为英显武烈王，宋光宗封其为忠文仁武孝德圣烈王，宋理宗封他为神文圣武孝德忠仁王。最重要的敕封当数元仁宗延祐三年（1316 年），张亚子被敕封为辅元开化文昌司禄宏仁帝君，从这时起，梓潼神张亚子才开始被称为文昌帝君。从此，梓潼神就和文昌星结合起来，梓潼帝君即文昌帝君，就成了文章、学问之神，就成了掌管文昌府事务的神。

在宋元时期，人们把文昌称为文昌帝君，并尊为主掌神仙和人鬼生死爵禄的神，将其神权进一步扩大。元明清时期，随着科举制度规模化、制度化，文昌帝君的奉祀逐渐普遍，其信仰范围遍布全国，成为文人学士、官府衙门、门客寒士所信仰的仕途吉祥之神。而且，他也成为道教的主要神祇之一。

2. 禄神祭祀与吉祥

由于禄神即文昌帝君已成为人们仕途成功的保护神，因此，从宋元以后，人们对其开始进行广泛的祭祀活动。

首先，人们规定了禄神的诞辰，即将每年农历的二月初三列为文昌帝君的圣诞日，并进行奉祭活动。

从奉祭范围来看，文昌祭祀的地域分布十分广泛，除边陲少数民族地区以外，几乎遍布全国。元明以后，各地都建有文昌宫、文昌阁或文昌祠，当然，文昌诞节祭祀最为流行的地区是当时的京师、四川及邻近地区和江浙地区。出现此情况的原因很简单，京师是政治中心和文化中心，四川接近文昌的化身梓潼神的诞生地，江浙则是科举最盛地区，崇尚人文。从各地的文昌宫祭祀来看，又以四川梓潼县七曲山的文昌宫规模最大。一些乡间书院和私塾也都供奉文昌神像或神位，其间虽时有兴废，但因文章司命，贵贱所系，所以一直奉祀不衰。甚至，明代以后，每一所学校都将部分建筑物用于供奉文昌帝君。清代时，文昌帝君的信仰范围已正式遍及全国，因此，文昌帝君的祭祀活动在清代时被国家纳为正祀。

祭祀活动也由少到多。人们对禄神先是进行烧香祭拜，如每年农历正月初三，士人必到当地文昌宫拜祭文昌帝君，秉烛焚香，献上祭品，祈求文昌帝君保佑科举应试顺利，赐予自己功名利禄。后来对禄神的祭祀活动又演变成民俗活动，如在喜庆节日正式演出戏曲之前，往往有一种“跳加官”的表演，以祝愿主人家和宾客鸿运高照，升官发财。此节目是由一人扮演禄神，身穿大红官袍，头戴白色面具，面具做笑容可掬状，手捧巨大的朝笏，上书“当朝一品”，上场绕几周便下场。然后抱一道具小孩再出场，同样绕场几周后下场。最后则手拿一红色条幅，不断向台下展示条幅上的字样：加官进禄。展示完，也是绕场几周后下场。“跳加官”民俗含义十分直白，就是祈愿禄神赐给官运。到了清代，在每年农历二月初三这天，朝廷还要派人前往北京文昌庙祭祀，各地官府和当地文人学士都要到供奉文昌帝君的庙宇奉祀，或吟诗作文，或举行文昌会。

当然，祭祀活动也有地域的差异，如在过去，四川的文昌诞节除了士人积极参与外，还有许多普通百姓也参与演戏庆贺。其他文娱活动也兴盛，如盐亭县、丰都县、太平县会举行迎神赛会。有些地区文昌神还被当作祈子之神，《温江县志》《盐亭县志》就有这方面的记载。

闽东等地祭祀活动与其他地区的差异表现在：祭拜禄神的时间与他地有异，旧时是在农历七月初七拜祭禄神。拜祭完毕后，还要玩一种叫“取功名”的游戏，以祈禄神赐予好运。士人要以桂圆、榛子、花生三种干果代表状元、榜眼、探花三鼎甲。一人手握三种干果各一颗，往桌上投掷，哪种干果滚到这个人跟前，即预示这个人会中哪种干果所代表的功名。游戏玩到每个人都有功名为止，该游戏明显含有向禄神占卜功名的意思。

从祭祀内容来看，人们对文昌帝君的祭祀主要包括两个方面，一是祭拜文昌帝君的忠主孝亲。民间传说，文昌帝君除有抗敌战死、忠主救民的功绩之外，孝行亦感天动地。据《梓潼帝君化书》称，张亚子“生及冠，母病疽重，乃为吮之，并于中夜自割股肉烹而供食，母病遂愈。后值瘟疫流行，梦神授以《大洞仙经》并法箓，谓可治邪祛瘟，行之果验”。从此记载来看，文昌帝君还是孝亲的楷模。

二是祭拜文昌帝君以保佑人们顺利升官，大吉大利。根据《文昌帝君阴骘文》记载，文昌帝君曾七十三次化生人间，世为士大夫，为官清廉，从未虐民酷吏。而且，他济人之难，救人之急，悯人之孤，容人之过，广行阴骘，上格苍穹。因此，天帝命文昌帝君掌天曹桂籍文昌之事，即凡世间之乡举里选，大比制科，服色禄秩，封赠奏予，乃至二府进退等，都归文昌帝君管理。

需要注意的是，在清代，随着文昌祭祀的全国化，其祭祀时间还有所调整，即把祭祀时间调整为两次，一年内有春祭和秋祭两次祭典。春祭的时间为每年农历二月初三，即梓潼帝君诞辰之日，祭祀活动要按照朝廷颁布的礼神制度举行，祭祀规格与祭祀孔子相当。秋祭则是兴起于清朝乾隆年间，定于每年农历八月初一举行，仪式大致与春祭相同。

当然，从祭祀形式来看，对文昌帝君祭祀最主要的形式是禄神年画祭拜，这就是禄神祭祀的民俗化表现。禄神年画通常有两种，一种禄神年画是描绘文昌帝君，其形象为官帽官袍，一副做官模样。一般来说，年画中的这位“官老爷”，身旁通常还有两个童子，俗称“天聋”“地哑”，即一聋一哑的侍童。之所以绘聋哑侍童，原因是根据《历代神仙通鉴》所说：“（梓潼真君）道号六阳，每出驾白骡，随二童，曰天聋、地哑。真君为文章之司命，贵贱所系，故用聋哑于侧，使其知者不能言，言者不能知，天机弗泄也。”梓潼神掌管考试，决定着士人的命运，为保证考试题安全不被泄露，才想出了此法，反映在年画中则颇有意蕴。

另一种禄神民俗年画，是采用谐音借代方法，用鹿来代替禄神，其吉祥色彩更为浓厚。鹿是一种可爱的动物，身上有美丽的斑纹，头上有绮丽的犄角。鹿最早被认为是一种仁兽，传说当君王施行仁政、天下太平之时，就会有身披五色光辉的鹿出现，这种鹿被称为天鹿，作为吉祥物有天降吉祥之意。

科举考试产生后，鹿又渐渐具有功名利禄的象征含义，并成为禄神的象征。在民俗年画中，鹿或是禄神的坐骑；或是一个官人模样的人所抚摸的对象，以突出“进禄”及官运通达的主题；又或是与福神、寿神在同一画中出现，鹿在此象征利禄，代表着禄神，代表着仕途顺利吉祥。

3. 魁星祭祀与吉祥

魁星又名魁星爷、大魁夫子、大魁星君，是古代民间信仰的神祇之一，最早见于汉代的《孝经援神契》中“奎主文章”之说。魁星也被认为是主管功名利禄的神灵，其地位次于文昌帝君，魁星原为二十八宿之一“奎星”的俗称，后又被道教尊为主宰文运之神，并将其作为文昌帝君侍神。魁星的信仰盛于宋代，从此香火不断，是封建社会读书人除文昌帝君之外最崇信的文神。

从魁星来历看，魁星之所以成为读书士子的守护神，大概与科举考试和传说不无关系。首先，与科举考试关系密切，取得高第就称作“魁”，“魁”即“首”之意。因此，才出现了五经魁或五经魁首之说，即五经考试第一。如明朝时，科举就实行“五经取士”，所谓“五经”，就是《诗》《书》《礼》《易》《春秋》五部经书，均为儒家所崇奉。每科的前五名必须分别是其中一经的“经魁”，故又称“五经魁”或“五经魁首”，如进士第一名称“状元”，又称“魁甲”，举人第一名称“解元”，也称作“魁解”，均有“第一”之含义。

其次，魁星还与一则传说有关。传说古代有一个秀才，非常聪慧，过目成诵，学识渊博，才高八斗，出口成章，但就是长相奇丑无比。他不仅面貌丑陋，而且满脸麻子，一条腿还瘸，走路一拐一拐的。这副模样，谁见谁烦，因此，此生每每面试都不合格，最终结果都是名落孙山。

终于有一年，此生获得一个机会，因其文章写得极好，被乡试、会试步步录取，一直到殿试，由皇帝亲自面试。皇帝一看其容貌，又一看他瘸着腿上殿，心中大为不悦，非常不快地问："你那脸为什么密密麻麻地长满了麻子？"他回答："回圣上，这是'麻面映天象，捧摘星斗'。"皇帝听了这话，有些宽慰，感觉他反应非常机敏，就接着问："那你的瘸腿呢，又是怎么回事？"他接着回答："回圣上，这是'一脚跳龙门，独占鳌头'。"皇帝听了这话，就很高兴了，非常赞叹他的机敏，然后又问："那朕问你一个问题，你要如实回答。你说说如今天下谁的文章写得最好？"他想了想说："天下文章属吾县，吾县文章属吾乡，吾乡文章属舍弟，舍弟请我改文章。"皇帝听完这话，龙颜大悦，赶紧阅读他所写的文章，阅后拍案叫绝，随口说道："你不愧天下第一！"于是不再计较他的长相，钦点他为状元。

从此，这位丑才子的文才及名声冠天下，此事被天上的北斗星宿得知，将其收入星神之一，专管文章兴衰之事，成为继文昌帝君之后的又一位文运吉祥之神。

据说从此始，皇宫正殿台阶正中石板上雕有龙和鳌图案，一只魁斗放在旁边。殿试完毕发榜时，应试者都聚到皇宫门前，进士们站在台阶下迎榜，状元是一手持魁斗，一脚站在鳌头上亮相，表示文章获得了魁星的认可，高中第一名，因此才有了"一举夺魁""独占鳌头"的吉祥谚语。

魁星来历与传说中的才子有关，而传说中的才子长得奇丑，因此，魁星的形象就以此为据，被想象得丑陋不堪，面目狰狞，金身青面，赤发环眼，头上还有两只角，仿佛是鬼的造型。其身体四肢还各有不同。右脚金鸡独立，脚下踩着海中的一条大鳌鱼头部，意为"独占鳌头"。左脚摆出扬起后踢的样子，以求在造型上呼应"魁"字右下的一笔大弯勾，脚上是北斗七星，有"魁星踢斗"或"魁星点斗"之意。

魁星的右手上握一管大毛笔，称朱笔，意为用笔点中人的姓名，以喻文人学子应考获中，金榜题名。魁星左手持一只墨斗，又称星斗。魁星虽然尊容不佳，但却极受读书人的信仰和崇拜，文人们的荣辱成败由其掌管着，因此，很多文人才子每每考试时，或是在座右贴上魁星像，或是将泥塑的小魁星揣在怀里，以求其保佑自己文运亨通，吉祥顺利，高中第一。

宋代就有对于魁星的信奉风俗，明清更是对其极为崇拜，对其祭拜形式多是建魁星阁进行崇祀，并将农历七月初七定为魁星生日，于是，每年七夕就有了“拜魁星”之俗。[①]“拜魁星”的仪式十分讲究，要事先将用糊纸扎的魁星——形象与人们的想象一致，蓝面环眼，左手斜捋飘胸红髯，右手执朱笔，通常高二尺许，宽五六寸——放置案上。祭祀时所需祭品以羊头为最，要将留须带角的公羊头煮熟后，放置盘中，摆在魁星像前。祭拜魁星的仪式在烛月交辉中进行，先是鸣炮，接着焚香，最后在香案前要围桌会餐。席间，可玩“取功名”的游戏，游戏通常用桂圆、榛子、花生，分别代指状元、榜眼、探花三鼎甲，让一人手握上述三种果干各一颗，往桌上投，随其自行滚动，哪种干果滚到某人跟前停止后，即认为某人会中哪种功名。在投的过程中，会经常出现这样两种情况：一是若投下干果都滚偏了，则人家都无“功名”，可重新再投，称“复考”；若都投中了，则称“三及第”。饭间可反复滚投，投一次，可饮酒一巡，称为“一科”，若这科出“探花”，大家就向“探花”敬酒。接着大家如此这般，继续玩下去，一直玩到大家都有“功名”为止。最后散场，人们会再次鸣炮，烧纸，将魁星像和纸一起焚烧，祈求魁星保佑文运吉祥。

4. 吉祥禄图

与禄有关的吉祥禄图很多，如《金榜题名》《受天百鹿》《连中三

---

① 参见顾炎武著，郑若萍注释：《日知录》卷三十二，崇文书局，2017。

元》《五子登科》《加官晋爵》《三元及第》《独占鳌头》等，其中，《连中三元》和《五子登科》是极为常见的吉祥禄图。

连中三元图，是以荔枝、桂圆、核桃三种果实组合构图而成，因三种果实皆为圆形，“圆”与“元”同音，以此寓意三元连中。

连中三元，源于我国的科举制度。我国科举制度自隋朝始，到清朝废止，约一千多年历史。三元也指一种考试的级别顺序，即书生首先要参加院试，过关者被称为“秀才”。秀才再参加乡试，录取者被称为“举人”，头名举人被称为“解元”。举人再参加会试，录取者被称为“贡士”，其中第一名被称为“会元”。贡士要再参加殿试，皇帝亲自主持考试，录取者被称为“进士”，殿试第一名被称为“状元”。

从考试顺序和过关情况来看，连中三元，就是指应考者连续通过乡试、会试、殿试，并且连续高中头名，即连续三次考试皆为第一，分别成为“解元、会元、状元”。

从考试级别和难易程度来看，连中三元是极为不易的。以院试为例，考试者统称为童生，童生并非仅指小孩，七八十岁的童生也有。院试的考试范围是州县。童生考试合格后方能为秀才。秀才考取已实属不易，考试成绩有六等，考到一二等后，才能有资格去参加更高一级考试，这叫“录科”。而考到高等者才能得到秀才称号。成了秀才，就意味着摆脱了平民身份，可免除一人徭役，但并不是官。

院试之后是乡试。乡试并非指乡里考试，而是省一级统考，乡试时间通常三年一次，一般在八月，由省里出题，有名额限制，在这一级别考试中过关之人才叫举人，举人就有资格做官了。

举人再进行考试，即会试，这就要面对其他省的才子精英了。举人会试考场与现在的考试场所大相径庭。以明代为例，会试考场叫作贡院，贡院里有上万间房间，皆为单间，单间又称作号房，约长五尺，宽四尺，高八尺。从尺寸来看，单间有些像牢笼，而且，考生在进去前要先被搜身，只能带书具和灯具进去，每人发三支蜡烛。进去后，号门马上关闭上锁，考生在里面答题，晚上就在里面休息，但因房间太小，考生只能蜷缩着睡觉。就是在这样艰苦的环境下，在一盏孤灯下，无数考生用顽强的意志写出妙笔生花的文章。

通过了会试，学子们面对的就是最后一道考验——殿试了。皇帝及大臣根据考生的表现，再将贡生划分档次，共有三甲：一甲仅三人，叫进士及第，分别是状元、榜眼、探花；二甲若干人，叫赐进士出身；三甲若干人，叫赐同进士出身。

无数精英才子，经历数次考试，才仅有一人成为状元。因此状元的数量很少，三年才有一个。千余年科举考试，总共才出了几百个状元。也正因为如此，中状元成为读书人的最高梦想，获得了状元则将为天下人所景仰。

状元已是如此了得，连中三元更是“难于上青天”。所谓“连中三元”，也就是要经过“三级跳”才能摘得这一桂冠，即保证全省考第一，会试中全国考第一，最后殿试时在皇帝心目中也是第一。从数量上也能管窥其难度，自科举开科取士以来，我国古代累计仅有十七人连中三元。唐朝张又新、崔元翰，宋朝的孙何、王曾、宋庠、杨寘、王岩叟、冯京，金朝的孟宋献，元朝的王崇哲，明朝的黄观、商辂，清朝的钱棨、陈继昌、戴衢亨，这十五人中的是“文三元”。此外，历史上还出过两位“武三元”，一位是明朝万历年间，浙江永嘉人王名世，连中武科三元，官授锦衣卫千户。他博通经史，工诗善书，时人称其武艺、诗词、书法为“三绝”。另一位是清朝顺治年间的王玉璧，也是浙江人，连中武科三元。此人在明末曾参加武秀才考试，射箭第一，号称“神射手”，故人们赞其为“武四元”。他虽是武士出身，但手不释卷，文笔斐然，有文武全才之誉。

无论文三元，还是武三元，连中三元者凤毛麟角，都是人中之龙。连中三元图的构图虽十分巧妙，也仅仅表示了一种象征和寓意，实在难以反映出三元连中的难度。从另一角度来看，人们勾画此图，虽然不能达到凸显三元连中的实际内容和难度的效果，但期望应试者能顺利过关，甚至三元连中的吉祥心态，却是实实在在的。如今，科举制度早已废除，但选拔人才的制度不会取消，因此，三元连中图至今还为人们所推崇，成为莘莘学子和家长们吉祥心态的真实反映。

实际上，连中三元图反映的还是个人期望获得成功的吉祥愿望。如果几个人同时都期望获得成功，这就是五子登科图所反映的内容了。五子登科图构图来源于五子登科的典故。

《三字经》曰："窦燕山，有异方，教五子，名俱扬。"五子登科说的是五代时，燕山幽州人窦禹钧，自幼丧父，由母亲抚养长大，因此，他事事听从母亲，从来都不违逆。但母子常为一事发愁，就是禹钧已三十余岁，还未婚配。一天夜里，禹钧做了一个梦，梦见早已仙逝的祖父说："禹钧！因你前生恶业很重，故你今生命运多舛，不仅将无儿，而且寿命也很短。我希望你早早回心向善，多做救人济世善事，或许可以转变业力，挽回不祥命运。"他一觉醒来，回味梦中祖父的话语，将其一一铭记于心，并立志诸恶莫做，多行善事。立志后，禹钧果然做了很多善事。

窦家有一仆人，因盗用禹钧二万银钱，怕被禹钧发觉，就自写一张债券"永卖此女，偿所负钱"字样，系在其小女臂上后，就远逃他乡了。禹钧发觉此事，没有追究，而是先把仆人所写债券焚毁，尽心抚养仆人女儿。仆人女儿长大后，禹钧又替她备足嫁妆，为之择一贤婿，帮助她嫁过去。

有一年，禹钧去延庆寺拜佛，在寺中大雄宝殿拜垫之侧，拾到白银二百两、黄金三十两，他就在寺中守候失主。等候半天后，看到远处走来一个哭哭啼啼、自言自语之人，禹钧问他哭泣原因，那人说："我父亲给绑匪掳去，将被处死，我好不容易向亲友们东借西凑，才凑得白银二百两、黄金三十两，准备用这笔金银赎回我父亲，谁知我一粗心，不小心把这笔钱丢了，如若找不到，我父亲必死无疑。"禹钧听到此话，已确知那人就是失主，于是将黄金白银如数归还，还赠给他一笔路费，失主千恩万谢而去。

自从禹钧发誓行善后，一生所做善事很多，不胜枚举。如亲友家有丧事，无钱买棺，他就出钱资助其买棺葬殓。若遇到家贫、子女无钱婚嫁者，他就出资助其婚嫁。对于贫困潦倒、无法生活之人，他就借钱给他们，帮助其解困。因为禹钧要救苦济人，所以他自己生活非常俭朴，绝不浪费，每岁收入，除供给家庭必要生活费之外，都做了救苦济急之用。

在做了如此多的善事后，有一天夜里，窦先生又做一梦，梦见祖父对他说："你多年以来，大做善事，上天一直给你记着，因你阴德很大，特给你延寿三纪，并且赐给你五个贵子，来日都很显达，你将来寿终之后，可上升天堂。"

自此后，窦禹钧更加注重修善积德，后来果然有了五个儿子。他家教甚严，五个儿子也都才高八斗，学富五车，十分争气，先后考中进士。大儿子窦仪，官至尚书；次儿窦俨，位至翰林学士；三儿窦偁，官参知政事；四儿窦侃，任起居郎；五儿窦僖，位左补阙。另外，禹钧还有八个孙子，也都很显贵。当时的士绅人家，对此纷纷传颂，并且称赞窦家五子为"窦氏五龙"。

虽然这个故事充满了"因果报应"等不经之谈，但确实反映了古人望子成龙的吉祥愿望。五子登科图就是以《三字经》所述"窦燕山，有义方，教五子，名俱扬"之句，逐渐演化为"五子登科"吉祥图案。图案寓意直白，寄托芸芸众生的期望，即希望能像窦家五子那样，吉祥顺利，相继登科及第，光宗耀祖。

## 三、吉庆喜俗

趋吉避凶、喜乐高兴，是人们共同的心理。人们正是由这一心理才缔造出了喜神，喜神也是吉祥神。人们为喜神附会上众多的传说或人物，使其成为人们非常喜爱的吉祥神之一。

### 1. 喜神溯源

关于喜神的来源，有众多的版本。首先，民间传说喜神与拜北斗星神的一个虔诚女子有关。此女子修道成仙时，北斗星君询问其所求，女子以手掋口，笑而不答，北斗星君误以为她祈要胡须，就赐了她长须。她因为笑时呈喜相而被封为喜神，又因有长须，凡人无法看到她的形象，从此喜神专司喜庆，却不显神形。所以，喜神最大的特点是没有具体的形象，也没有专门的庙宇。

还有一说与纣王有关，有传说喜神就是商纣王。《封神演义》中，姜子牙封商纣王为天喜星，专管人间婚姻。故北京崇文门外精忠庙喜神殿在光绪年间曾被称作天喜宫，也与之有关。

又有一说，喜神与娃娃有关。民间认为，喜神是演出时用的道具娃娃，即“彩娃子”，也有的说喜神是后台神龛里扎小辫的娃娃，这种说法又与优伶相联系。相传过去有一人学戏，学了很久还是不会。有一次做了一个梦，梦一小孩来教，骤能领悟，于是尊小孩为喜神。民间还有人说，喜神是唐玄宗的三太子，在戏台的后台玩耍时，不慎钻进大衣箱，窒息而亡。玄宗十分痛心，遂将其封为戏班大师哥，让人们永远供奉。还有人说，唐玄宗三太子因替演员勾画眼眉，发明了脸谱，被后世尊奉为喜神。总之，这一说法，与戏剧优伶有着某种渊源。但关于戏界缘何奉小孩为喜神，民国著名京剧理论家齐如山认为，梨园弟子常演堂戏，戏中又多有生日满月等喜庆事，故由此赏钱颇丰，这又多与小孩有关，故戏班将娃娃尊为喜神，这说明娃娃喜神可给梨园弟子们带来财运、好运。

民间还认为，喜神就是祖先。我国古代逢年过节有祭奠祖先的习俗。祖先已逝，无法将祖先肉身奉为神。到了宋朝，人们多将祖先的画像作为喜神，于年节供奉。明清以来，人们又多将祖先牌位或画像，于除夕之日供奉。

显然，在没有照相机、摄像机及计算机的古代，记录人肖像的唯一手段就是画像，因此，以祖先为喜神，就必须十分重视画像。画像要讲究绘画技法，要画得像，否则就是对祖先的不尊，就是对喜神的不敬。因此，将祖先视为喜神，还与画像的发展有关。在旧时，有专为活人画肖像的，被称作画师。也有专为亡人绘制遗容的，俗称画喜神，也称“揭帛”。如明人兰陵笑笑生《金瓶梅》第六十三回，写西门庆请人给死去的爱妾李瓶儿绘制遗容的情节，就很有代表性。书中写道：“来保请的画师韩先生来到。西门庆与他行毕礼，说道：‘烦先生揭白（帛）传个神子儿。’那韩先生道：‘小人理会得。’……西门庆道：‘我心里疼他，少不得留个影像儿，早晚看着，题念他题念儿。’一面吩咐后边堂客躲开，掀起帐子，领韩先生和花大舅众人到跟前。这韩先生揭起千秋幡，打一观看，见李瓶儿勒着鸦青手帕，虽故久病，其颜色如生，姿容不改，黄恹恹的，嘴唇儿红润可爱。那西门庆由不得掩泪而哭。来保与琴童在旁捧着屏插、颜色，韩先生一见就知道了。……众人围着他求画。应伯爵便道：‘先生，此是病容，平昔好时还生的面容饱满，姿容秀丽。’韩先生道：‘不须尊长吩咐，小人知道。敢问老爹，此位老夫人，前者五月初一日，曾在岳庙里烧香，亲见一面，可是否？’西门庆道：‘正是。那时还好哩。先生，你用心想着，传画一轴大影、一轴半身，灵前供养。我送先生一匹缎子，十两银子。’韩先生道：‘老爹吩咐，小人无不用心。’须臾，描染出个半身来，端的玉貌幽花，秀丽肌肤，嫩玉生香。拿与众人瞧，就是一幅美人图儿。”①这一段较为细致地描绘出了揭帛、看遗容、听亡人亲朋描述、琢磨其人在世时音容体态、画出亡人生时肖像、作为灵堂供奉或亲人追思之用的绘喜神全过程。

正因为供奉喜神画像的风气日炽，宋代画喜神成了一个专门的行业。在元代，画家王绎以善画肖像闻名，他年少就擅丹青，其后更以写真画像为时人所重。他不仅重形似，更得神气，并由此编有《写像秘诀》一书，文字不多，极为精简。书中将面相特征归纳为田、由、国、用、目、甲、申、风八个字，称为八格，并讲了面相染色法及衣着器

---

① 兰陵笑笑生著，王汝梅等校点：《金瓶梅》六十三回，齐鲁书社，1991。

物如何配色等。

越讲究画像技法，人物画得就越逼真，越似祖先，就越觉得祖先在眼前，越觉得祖先会时时刻刻佑护着自己，因此，将祖先视为喜神，是与灵魂观念密切相关的。祖先肉体虽灭，但灵魂还在，现世子孙感念祖先恩泽，祈求祖先荫护，期盼祖先降福，给现世子孙带来好运，带来福气。这都是后世子孙渴求的喜事，因此，将先人看作喜神，是自然而然的事。

民间更多的人认为喜神是月下老人。月下老人是民间传说中专管婚姻的红喜神，又称“月老”，因此，民间认为月下老人即喜神。对于“月老”这一婚姻喜神的记载，流传广泛的是唐人李复言小说《续幽怪录·订婚店》中月下老人为韦固订婚姻的传奇故事。

> 杜陵韦固，少孤。思早娶妇，多歧，求婚必无成而罢。元和二年，将游清河，旅次宋城南店。客有以前清河司马潘昉女见议者，来日，期于店西龙兴寺门。固以求之意切，旦往焉。斜月尚明，有老人倚布囊，坐于阶上，向月捡书。固步觇之，不识其字。即非虫篆八分科斗之势，又非梵书，因问曰：“老父所寻者何书？固少小苦学，世间之字自谓无不识者。西国梵字，亦能读之。唯此书目所未觌，如何？”老人笑曰：“此非世间书，君因何得见？”固曰：“非世间书则何也？”曰：“幽冥之书。”固曰：“幽冥之人，何以到此？”曰：“君行自早，非某不当来也。凡幽吏皆掌人生之事，掌人可不行冥中乎？今道途之行，人鬼各半，自不辨尔。”固曰：“然则君又何掌？”曰：“天下之婚牍耳。”固喜曰：“固少孤，常愿早娶，以广后嗣。尔来十年，多方求之，竟不遂意。今者，人有期此，与议潘司马女，可以成乎？”曰：“未也……君之妇适三岁矣。年十七，当入君门。”固问：“囊中何物？”曰：“赤绳子耳，以系夫妇之足……虽仇敌之家，贵贱悬隔，天涯从宦，吴楚异乡，此绳一系，终不可逭。君之脚已系于彼矣，

他求何益！”曰：“固妻安在，其家何为？”曰：“此店北，卖菜陈婆·女耳。”固曰：“可见乎？”曰：“陈尝抱来卖菜于市。能随我行，当示君。”及明，所期不至。老人卷书揭囊而行，固逐之，入菜市。有眇妪抱三岁女来，敝陋亦甚。老人指曰：“此君之妻也。”固怒曰：“杀之可乎？”老人曰：“此人命当食天禄，因子而食邑，庸可杀乎？”老人遂隐……固磨一小刀子，付其奴曰：“汝素干事，能为我杀彼女，赐汝万钱。”奴曰：“诺。”明日，袖刀入菜市中，于众中刺之而走。一市纷扰，固与奴奔走获免。问奴曰：“所刺中否？”曰：“初刺其心，不幸才中眉间。”尔后固屡求婚终无所遂。

又十四年，以父荫，参相州军，刺史王泰俾摄司户掾，专鞫词狱，以为能，因妻以其女，可年十六七，容色华丽。固称惬之极。然其眉间常帖一花子，虽沐浴间处，未尝暂去。岁余……固逼问之，妻潸然曰：“妾郡守之犹子也，非其女也。畴昔父曾宰宋城，终其官。时妾在襁褓，母兄次没。唯一庄在宋城南，与乳母陈氏居。去店近，鬻蔬以给朝夕。陈氏怜小，不忍暂弃。三岁时，抱行市中，为狂贼所刺，刀痕尚在，故以花子覆之。七八年间，叔从事卢龙，遂得在左右仁念，以为女嫁君耳。”固曰：“陈氏眇乎？”曰：“然。何以知之？”固曰：“所刺者固也。”乃曰：“奇也，命也。”因尽言之，相钦愈极。后生男鲲，为雁门太守，封太原郡太夫人。知阴骘之定，不可变也。宋城宰闻之，题其店曰“订婚店”。

这一传奇故事，道出了月老的作用，也道出了民众的心愿，正如杭州西湖白云庵右侧月老阁的对联所言：“愿天下有情人都成了眷属，是前生注定事莫错过姻缘。”月老是牵线搭桥，成就人间喜事的，是吉祥喜神，所以，清人沈三白在《浮生六记》中称赞月老说：“一手挽红丝，一手携杖悬姻缘簿，童颜鹤发，奔驰在非烟非雾中。”民间广泛信仰月老，留下了许多月老祠。

民间对于喜神来历的传说颇多，其中一传说与人物、地名有关。在1662年之前，人们并不把喜神称为“喜神”，而是称其作“梅子滩”。1662年郑成功收复台湾，其军师陈近南班师路过梅子滩时，在此地歇脚，看到此地山清水秀、民风淳朴，就问随从：“此地叫何名字？”随从告诉他，此地名为“梅子滩”。陈近南听后颇为感慨，说：“什么梅（霉）子滩，我们收复了台湾，是大喜事，此地应改名为喜胜滩。”从此以后，昔日的梅子滩就更名为喜胜滩，又因胜和神谐音，后人就称之喜神滩，简称喜神。

喜神形象不定，与喜神的众多来历也有关。如民间认为婚姻喜神应是和合二仙，二仙主婚姻和合，又被称作“和合二圣”。相传有一唐人名万回，其兄长远赴战场，父母因挂念而泣。万回前去战场探亲，传说万里之遥，其朝发夕返，故名“万回”。因此，“万回”象征家人和合。至宋代，开始祭祀和合神，即万回，人们相信万回能使相隔万里的亲人团圆，但因祭祀神名为“和合”，故后世的人则认为，“和”“合”应是两位神灵，应是哪两位神灵呢？后世的人普遍把唐代天台寺的僧人寒山和拾得看作和合二神。之所以如此，大致与两个传说有关。一说寒山和拾得同住一村，两人亲如兄弟，但不幸的是，两人同时爱上一女。拾得要与该女婚配，寒山知道后，弃家到苏州枫桥，削发为僧。拾得听说此事，就舍下女子到江南寻觅寒山，探知其住处后，折一盛开荷花前去相见。寒山得知，急持一盒斋饭出迎，二人分别拿着一荷一盒见面，见后欣喜若狂，后来拾得也出了家。另一说寒山和拾得皆为僧人，拾得出世便被父母遗弃在荒郊，幸好被天台山高僧丰干和尚化缘时救起，并把他养大成人，为他取名为“拾得”，后又在天台山国清寺度他受戒为僧。寒山是诗僧，很有诗性，诗写得很美，在其到国清寺出家前，拾得常将残羹剩菜送给未入寺的寒山吃。丰干和尚知晓后，就让寒山进寺，也当了僧人，并与拾得一起当厨僧。自此，两人朝夕相处，更加亲密无间。寒山和拾得在佛学、文学上的造诣都很深，民间珍视他们和睦友爱之情，就将二人当作和合二神，并加以祭祀。

清雍正十一年（1733 年），皇帝正式封寒山为“和圣”，拾得为“合圣”，和合二仙从此名扬天下，“寒山子”和“拾得子”，成为世传的和合二神。我国传统婚礼喜庆仪式上，常挂和合二仙喜神像。人们借此来祝贺新婚夫妇白头偕老，永结同心，喜事连连。

汉族有喜神，少数民族也有喜神，如纳西族喜神就是阿普和姑娘，这起源于该民族的一则传说。纳西族的祖先与周边民族为争得玉龙山下丰饶的土地，经常发生争战。在战争中，一位叫阿普的男子倒在地上，一位美丽的纳西姑娘把他救起，舔干净他脸上的血迹。阿普醒来后，带领纳西族打败了其他民族，取得了玉龙山下这块丰饶的土地。阿普和姑娘也最终喜结良缘。这一故事在纳西族中世代流传。后来，纳西族就把阿普和姑娘敬作喜神，奉为祝福天下有情人的信仰神。

综上所述，喜神的来历虽然很多，但都是人们追求喜事、祈求喜福的内在心理的寄托与表达，正如明朝洪应明在《菜根谭》中所说：“疾风怒雨，禽鸟戚戚。霁日光风，草木欣欣。可见天地不可一日无和气，人心不可一日无喜神。”希望天天有喜，天天吉祥，是人们共同的心声。

2. 过大年迎喜神

我国很多地方，有大年初一迎喜神的习俗，清人赵遵路的《榆巢杂识》卷下“喜神图”条云：“过萱草书堂，见喜神图一幅，为朱勤恪皂保所作。题云：‘凡人居心行事，不可一日无喜神护持。’”此处的喜神图，画的即人们新春迎接的喜神。民间认为，每逢新春，喜神会从天上降临，因此，各家各户都要在正月初一设香案、摆供品祭祀，并按喜神降临方位前去迎接。只有迎回喜神，才预示一家人在新的一年万事如意。

各地迎喜神时间大体一致、迎喜神的内容略有差异。如山西大同县安留庄村有大年初一迎喜神互拜年的传统。又如华北地区，会在新春第一天迎喜神，对准喜神所在的方位，在一定时辰出迎，迎喜神仪式的内容有焚香、鸣鞭炮、赶猪羊等。这一天早上，吃过饺子后，人们便穿着新衣服走上街头，迎接喜神。一般事先由年长有威信的人，先到占卜先生家里去讨得迎喜神的信息，然后带着人们去接喜神，同时还要赶上一群牛、驴、骡、马等。当人们到达目的地后，按照辈分大小，要面向喜神来的方向跪下，烧纸磕头，并默默地祷告，祈求幸福、万事如意。祷告完会有人鸣放鞭炮，阵阵响亮的鞭炮声有时会使旁边的牲畜受惊而狂奔乱跳，此时老人就会说，这是因为牲畜看到了喜神，喜神迎接成功，将“致一岁康宁”。

山西晋北与晋南迎喜神的习俗又有所不同。首先，迎喜神的日子有一定差异。晋北地区，多习惯于选择春节后戊日或癸日，即正月初五以前迎喜神。而晋南霍县等地，则多选择正月初三迎喜神。山西吕梁地区一般在正月初一或初二迎接喜神。

晋北或晋南逢迎喜神日，大人小孩赶着马牛驴骡，或驾驶农用运输车，朝着喜神所在方位前进，到达后，要举行如下仪式迎接：领头人先从木盘内取出各种祭物，呈品字形在地上摆供，然后用手垒三个小土堆，中间代表天神，左边代表地神，右边代表喜神。土堆上各插三炷香，烧三张纸。大家三跪九拜，祈祷喜神保佑出门顺利等。同时，小孩子鸣放鞭炮，任家畜自由撒欢奔跑。所有人要放开嗓子呐喊，爱唱歌的可尽情高歌。此时，人欢马嘶，鞭炮齐鸣，场面热闹不已。如此欢快场面，如果能惊起野兔或山鸡，或者看见喜鹊、麻雀等，则被看作是意外之喜，预示一年的好兆头。迎喜神回去时，老人们习惯捡根柴，取谐音“财”，意喻招财进宝。而吕梁地区迎喜神，却又有所不同，此地盛行人们在郊外相邀饮酒，根据《石楼县志》记叙：“遇首吉，出门携酒肴、香、炮，罗拜坐次，谓之‘迎喜神’。”

塞外古城河北宣化迎喜神又有着新花样。在宣化洋河南部山坳里，每年大年初一也有迎喜神习俗。这天多数人在五更天起床，然后家家户户将事先捆好的干草立于院中，从下面点燃，这被称为“点照天草”。照天草燃烧后倒向哪个方向，就认为当年的喜神从哪个方向过来。确定迎喜神方位后，再点鞭炮迎接。此处还有将馍放到点着的照天草烤的习俗。馍在草上烤得皮面金黄，冒着丝丝热气，散发出诱人的香味，孩子们都争抢着吃。依照习俗，吃照天草上烤的馍，可治肚疼，也可确保今后不犯肚疼，同样包含人们对吉祥的期盼。

至于迎喜神的仪式，宣化与晋北或晋南有相似之处，但也有些差异。迎喜神的具体时间是在太阳出来之后，此时，早饭饺子已吃完，女人们穿戴一新，全村的大喇叭声响起，大鼓大锣声也一并响起，震耳欲聋。在热闹的气氛下，男人们着装整洁牵着骡马，全体村民集体出动迎喜神。随着一声“上路”，鞭炮阵阵，锣鼓喧天，很多村民还扛上一捆捆柴草，热热闹闹地涌向迎喜神地点。到达以后，先是点燃柴草、纸、香等，进行祭祀；然后在锣鼓声、鞭炮声中，小伙子们开始跨上骡马，争先恐后地奔跑起来。为了跑得更快、更野，很多小伙子还在骡马的屁股后绑上一两个“二踢脚”，一奔跑就点燃，二踢脚一炸响，骡马受到惊吓，疯狂奔跑，小伙子则威风凛凛，风驰电掣。此时整个场面一片沸腾，喊叫声、喝彩声、锣鼓声、鞭炮声充斥在一起，场面壮观，比赛激烈，扣人心弦。这种迎喜神赛马的比赛习俗，据说源于蒙古族赛马，但又另有民俗说法。新年第一天骑马比赛，谁跑得快，就意味着谁在这一年会更加有好运，因此，为了争得头彩，交上大运，比赛异常激烈。

同是塞外，宁夏南部山区的迎喜神活动也有自己的特点。正月初一早上，伴随着震耳的大鼓声，全村男女老少，牵着骡马，赶着牛羊，向早选定的迎喜神的吉利方位进发。待全村人、畜到齐后，长者率先点燃自家的香、麦，双膝跪地，其他人陆续跪在其后，他们的嘴里不断地嘟哝着“吾福嘛良啦”等祝福之语。此地迎喜神有这样一条规定：迎喜神之人必须迎来动物才算把喜神迎到，否则只好跪等。等到迎来兔子、喜鹊或其他动物时，长者就说：“迎来了！”于是，其他人像着了魔一样，争抢着去折周围地坎上的干蒿草，瞬间蒿草就被“洗劫”一空。人们将蒿草拿回后，将其插在堂屋正中央的空酒瓶里，并挂上用纸剪的钱串，说那是“摇钱树”，以此图个吉利。

南方迎喜神与北方多有相似之处，但也不完全雷同。首先，迎喜神称呼有所不同，北方常叫“迎喜神”，或者是“走喜神方”，南方多称之为“出天方”“出行”，浙江还叫“出寻”。虽然称呼有异，但含义是一样的。在迎喜神仪式上，南方人常在祭祖之后，查看历书上所记载的当年的吉利方向，确定方位后，再燃灯笼火把，提壶挈酒，奉香鸣竹，出门迎喜。

还有一种民俗活动，类似于迎喜神，即“走喜方”，上海叫“兜喜神方”。此习俗是指让即将出嫁的女子，朝喜神所在方向行走，时间在年初一天刚亮时。为了不错过时辰，少女们在年三十晚上几乎不睡，在听到鸡第一遍鸣叫时，就朝着鸡鸣的方向走去。若途中遇到吉祥之物，如喜鹊等，则认为这象征着大吉大利，预示着自己能够获得喜神的赐福，将来婚姻会顺利、幸福。反之，若遇到乌鸦，则认为这是不吉利的。为了获得喜神的祝福，习俗规定，少女可继续朝前走下去，直到遇到吉祥之物为止。

### 3. 吉祥“喜”字

“喜”是常用字，是表示喜悦、高兴、愉快、欢喜等情绪的载体。从汉字六书造字来看，“喜”属于会意字。所谓会意字，是指用两个或两个以上的独体字，根据意义之间的关系合成一个字，综合表示这些构字成分合成的意义。会意字造字方法又分为两种：一种是异体会意字，即用不同的字组成，如“武”，从戈从止；一种是同体会意字，即用相同的字组成，如“从”。显然，“喜”字是异体会意字，从“喜”字构成发展来看，亦是如此。“喜”最初是由一个鼓的形状，加一个喜笑的口形，组合成的字。“鼓”表示欢乐，“口”指发出欢声，组合起来表示喜庆。随着字形的发展，“喜”又演变为双手捧“吉”，下面加一个喜笑口形，组合而成的字，表示喜庆、喜悦、吉祥。

《说文解字》中说："喜，乐也。"[①] 喜悦是"喜"的本义，在很多诗文中，"喜"是用本义的，如《诗经·小雅·菁菁者莪》中说："既见君子，我心则喜。"宋代范仲淹在《岳阳楼记》中说"不以物喜，不以物悲"。从吉祥角度看，除了本义的展示，"喜"字还有几种吉祥含义的表达，如表示喜事，《国语·鲁语》："固庆其喜而吊其忧。"此处的"喜"又表示喜兆，即喜事征兆，或者表示喜信。还有"有喜""害喜"等表示怀孕的吉祥说法。之所以称为"害喜"，大概是因为很多妇女在妊娠期间，常有呕吐现象，如同害病一样，但怀孕又是值得庆贺的喜事，故称"害喜"。"喜"还有一种吉祥表示，即用"喜"字代指吉利，这是由于旧俗孩子出痘时，即长痘疹，常因恐惧得天花而讳言病，以喜代称，如《红楼梦》中说："姐儿发热是见喜了，并非别症。"

"喜"字有两个图符，分别是"禧"和"囍"。"禧"的本义是"祭神以求得福祉"，以其本义引申出"喜庆""吉祥""幸福""祝福"的诸多含义，并由此产生众多词语，如祝禧、繁禧、福禧、鸿禧、嘉禧、降禧、年禧等。生活中常用的是"祝贺（恭贺）新禧""年禧"等，"祝贺（恭贺）新禧"表示致礼祝福，"年禧"表示新年幸福吉祥，它们已成为表示祝贺新年的惯用语。

"囍"字，又称"双喜"，指婚姻中男女双方共同迎接喜庆。对于"囍"字符，还有一段传说。话说北宋神宗时期的王安石，在二十三岁时，赴京赶考，途经马家镇，因天色已晚，就暂留该镇歇息。晚饭后闲来无事，他上街闲逛，看到一个大户人家宅院外面，挂着一盏灯光闪烁、格外耀眼的走马灯。王安石凑近细看，见灯上写着"走马灯，灯马走，灯熄马停步"半幅对子，这显然在等人出下联。王安石见对，不由得拍手称妙，马员外管家听到称赞声，寻声出来，王安石已走远。王安石进场考试，答题非常顺利，并交了头卷。主考官见他聪明机敏，便

① 许慎撰，徐铉校定：《说文解字》卷五，中华书局，2013。

传来面试。考官指着厅前的飞虎旗曰："飞虎旗，旗虎飞，旗卷虎身藏。"王安石听到此对子，脑中立刻浮现出走马灯上的半幅对子，不假思索地答道："走马灯，灯马走，灯熄马停步。"主考官见他对答如流，非常赞叹。考试结束，王安石回到马家镇，特意走到马员外家，管家立刻认出了他，执意邀请他到宅院落座看茶。施过礼后，马员外敦请他对走马灯上的对子，王安石将主考官面试的对子顺口说出。员外听罢，称赞他才思敏捷，有意将女儿许配他，并提出择吉日在马府完婚。原来，出走马灯上对子的，不是别人，正是马小姐自己，是为选婿而出。

结婚那天，马府上上下下喜气洋洋。正当新郎新娘交拜时，突然来了报子报知："王大人金榜题名，明日请赴琼林宴！"马员外一听，大喜过望，喜上加喜，当即命重开酒宴。王安石此时带着三分醉意，也非常高兴，就挥毫在红纸上写了一个大大的"囍"字，让人贴在门上，并随口吟道："巧对联成双喜歌，马灯飞虎结丝罗。洞房花烛题金榜，小登科遇大登科。"从此，"囍"字便被逐渐使用，并广泛用于婚嫁场合，表示喜上加喜，俗称双喜。为了更加突出喜庆，"囍"字还常以红纸（或金箔）剪制而成，或写在红纸上，贴于门窗堂壁最显眼处，以充分表达双喜临门、婚姻吉祥如意之意。从用途来看，"禧"字符与"囍"字符区别明显，"禧"多用于诸如春节等节庆场合，表达一切顺心、万事如意之意。从运用范围来看，"囍"的使用范围，远大于"禧"字的使用范围。

4. 吉祥喜图

所谓吉祥喜图，是指表达与"喜"有关的图案。吉祥喜图很多，为人熟知的大致有如下几种：

报喜图，即报告喜讯的图案。图案由两种动物组成，一是豹子，一是喜鹊。报喜图选择豹子和喜鹊，除考虑谐音外，还有其象征寓意，豹属猫科，性情凶悍，似虎比虎小，《说文解字·豸部》释曰："豹，似虎，圜文。从豸，勺声。"豸，据许慎说是一种长脊兽类（也有的学者认为是一种高大的兽类），故在许慎看来，豸与虎是同类动物，非常凶猛；“勺”除表声外，还表义，有学者认为“勺”即“瓢”，常浮水面，显得很轻飘，以“勺”组“豹”字，又充分反映豹子奔跑轻松、速度快的特点。喜鹊古时候被称为“神女”，民间俗谓“喜鸟”。之所以将其看作吉祥喜鸟，主要是针对这一吉祥物的自然属性而言的，其体态轻盈，鸣声响亮，人闻之，皆能联想到喜事临近，故俗谚云：“喜鹊叫，来报喜，不是来财就是来亲戚。”所以，喜鹊也是“报喜鸟”，民间常称其为“灵鹊报喜”。从吉祥物的自然属性出发，又恰利用谐音，将其拼成吉祥图案，完成吉祥寓意的表达，正是报喜图选择图案的初衷。

喜上眉梢，是以梅花与喜鹊组成的吉祥图案。图案以梅花为枝，喜鹊登在梅花枝头，似鸣叫之状，梅花谐音为“眉”，以喜鹊登上梅花枝头，表达“喜上眉梢”，表示大喜大庆，比喻喜悦的心情从眉眼上展现。

喜从天降，指突然遇到意想不到的喜事，喜事从天上掉下来。喜从天降与蜘蛛有关，蜘蛛又称蟢子，体细长，色暗褐，足甚长，常于草际或树间张网如车轮状。以蜘蛛为喜从天降之物，有两种说法。其一，与蜘蛛觅食有关。蜘蛛张网以待，等有物触网，蜘蛛脱巢而降，十分欣喜，以此推理，谓人亦有喜从天降。因此，喜从天降的图案就是蜘蛛悬丝，张网待捕，而蜘蛛从网上垂下，图案极富喜从天降的寓意。其二，与一则故事有关，据《采兰杂志》记载，古时候，有母子久别，未能相见。母亲对儿子日思夜想，期盼他归来。一天夜里，母亲在油灯前做针线活，偶然发现一线蜘蛛丝垂落在衣服上，便抬眼望去，看到一张蛛网结在架上，而唯独悬下一根长丝，落在自己身上。她想：“莫非儿子要回来了？”第二天，儿子果然回家了。这事传开后，蜘蛛就有了“喜子”“喜母”或“喜虫”的别号，它的突然出现，被认为是喜庆降临的预示之意。

但是，把蜘蛛画在喜图上，却是到了唐代才开始，并且与唐人张鷟《朝野佥载》中记载的一件“时闻”有关。唐睿宗景云二年（711 年）

八月的一天清晨，官居鸿胪寺丞的张文成，一觉醒来走出卧室时，忽然发现有只大如栗子的蜘蛛，从门梁的一张网上悬空而垂，恰巧挂在自己的眼前。张文成见状，十分高兴，脱口而出："这是喜虫啊，真是喜虫天降，喜从天降。"果然，数日后，皇上颁诏大赦天下，并给百官加阶。这事传开以后，人们纷纷效仿，都希望这种喜运降临到自己头上。为实现这种愿望，有人就开始画蜘蛛以催喜。久而久之，蜘蛛成为预报喜事的吉祥图案，专绘蜘蛛悬网的瑞图由此定型，其名称就叫"喜从天降"。

名为"欢天喜地"的吉祥图案由獾子和喜鹊组成,獾子仰头望天，喜鹊飞空俯地，两相对望，图案生动形象。其寓意"欢天喜地"，也是借助于谐音和其自然属性组合而成。獾子，又称狗獾、猪獾，食肉目，鼬科物种，其四肢短，耳壳短圆，眼小鼻尖，颈部粗短，但前后足趾，均有强力的黑棕色爪，前爪又比后爪长，适合掘土挖地，人们因为獾的特征及谐音，选择将其与喜鹊组成吉祥瑞图。

除了以上人们耳熟能详的喜图外，还有些喜图人们也并不陌生，如《同喜图》，画的是喜鹊站立于梧桐枝上 ;《喜报春先》，画的是喜鹊站在梅枝上昂首鸣叫，表示人逢喜事精神爽。总之，这些喜图有一个共同特点，就是都借助于谐音组合图案，并且都以喜鹊为基本元素，再加别的禽或兽构成吉祥喜图。

5. 吉庆喜俗

由"喜"构成的吉祥物、吉祥图案很多。这些吉祥物本身就是习俗，而将这些吉祥物进行组合还可构成众多的喜庆习俗，或者喜庆习俗链，如喜堂、喜娘、喜宴、喜蛋、喜联、喜歌等。喜堂、喜宴、喜联、喜娘等，在婚姻习俗中已述，在此仅简要谈谈喜蛋、喜歌。

生小孩后，有送红喜蛋的习俗。送喜蛋的习俗是有讲究的，主要是从颜色或数量上有习俗的规定。如开封一带，谁家生了小孩，谁家就要把煮熟的鸡蛋涂上红色。若是男孩，要送六个或八个，必得双数，还要在染红的鸡蛋的一头用墨点一黑点，表示"大喜"。婴儿的姥姥也要送上一百甚至几百个鸡蛋，若是男孩，姥姥要在鸡蛋的一头涂上黑点，如果是女孩就不必涂了。

与喜蛋有关的习俗，还体现在婚礼上，婚礼也有分红喜蛋的习俗。如浙江，不但中华人民共和国成立前流行，现在也流行。虽然现在不少人在结婚时，已用喜糖代替喜蛋，但习俗名称还是叫“讨红喜蛋”。所谓讨红喜蛋，就是从亲友到陌生人，从老人到孩子，都可以跟新娘子要喜蛋，当然，作为新婚人家，是非常乐意给喜蛋的。

结婚分红喜蛋的习俗，源于民间的一个传说。三国争雄时，东吴一直想取回荆州，都督周瑜想出一个妙计，即对刘备实施假招亲、真扣留之计，以刘备为人质，逼他交还荆州。计策虽好，但被刘备军师诸葛亮识破。诸葛亮将计就计，设下了诸般妙计，其中之一就是“红喜蛋计”，诸葛亮让刘备去东吴时，带上大量染红的鸡蛋，一到东吴，逢人便分鸡蛋，并说这是皇室礼仪。被分到红喜蛋的人都因此感到光荣，没分到的，纷纷到刘备住的馆驿去讨。刘备来者不拒，一般来客让手下人分，重要人物亲自动手分，大肆营造招亲的声势。东吴本来没有这种风俗，都觉得十分新鲜，便一传十，十传百，弄得家家户户都知道东吴公主孙夫人与皇叔刘备要成亲了。结果，周瑜只好假戏真做，将公主嫁给了刘备。刘备得了夫人，欢天喜地，周瑜却落得个“赔了夫人又折兵”的下场，十分气恼。而结婚送红喜蛋的习俗，自此也在江南流传开来，并象征着新婚人家龙凤呈祥、喜庆有余。

把喜事用歌声唱出来或念出来，就是喜歌。人生礼俗中的喜事很多，因此，喜歌也颇多，而与婚事有关的喜歌则更为典型，如婚前的铺床喜歌、撒帐喜歌、撒草喜歌、闹房喜歌、婚礼喜歌等。

念喜歌多是拜堂成亲时念唱的歌。在男方家拜堂成亲时，大声念唱贺喜祝愿的话语，诸如祈祉求福、祈吉求安、祈子求嗣之类。喜歌可事先编好歌词，也可即兴而出，可大致对仗押韵，也可变调变声，歌词唱念速度可快可慢，语句可长可短，涉及的歌词内容可多可少，可全可偏。可涉及喜宅环境，如：“好！好一处大宅院。走进宅院放眼望，福禄寿禧好地方，吉宅本在栖凤地，房舍又处卧龙冈，左边本是金银库，右边又有读书房。栖凤地里出的是巾帼英雄，卧龙冈里出的是豪杰儿郎。金银库里满是珍珠玛瑙，读书房里满是诗画文章。”念喜歌的人紧接着便转向描绘张灯结彩的门庭：“好！好一座高门庭。进大门，喜气生，披红挂彩悬红灯。悬红灯，红灯悬，左右两边贴对联，中间一双‘鸿’‘喜’字，大字朗朗看得见。上联是‘天官赐福成佳偶’，下联是‘吉星高照中三元’，横批本是四个字——‘富贵荣华’万万年。”

当然，念喜歌的内容，也可涉及喜房布置、来宾贺客、迎亲花轿等若干个方面，如迎亲花轿一到，念喜歌就可以开始了，念喜歌的人扯开喉咙，大声唱道：“好！好一顶大花轿。大花轿，四仙抬，灯笼罩子两边排，鼓敲笙吹前引路，一对铜锣把路开。越小巷，走大街，小姐抬到贵府来。来得好，来得吉，落轿此时最吉利。红毡倒，倒红毡，红毡铺到花堂前，新人下轿贵人搀。斗、升、杼、秤摆堂前，一对红烛两边安。先拜天，后拜地，再拜公婆逢大喜，天地高堂都拜过，新人对拜成夫妻。”

念喜歌的内容，还可涉及新娘子本人，如新人拜堂后，新娘的蒙头红被掀开，念喜歌的也会大叫一声“好”。此时大家的目光全集中到新媳妇身上，念喜歌的又唱道：“好！好一个新媳妇。新媳妇，真漂亮，恰似仙女下天堂，柳眉杏眼瓜子脸，赛过西施和貂蝉，肩宽腰细身段好，打着灯笼也难找。心灵手巧有教养，家里外头都能挡。”

新人要入洞房了，一边有人搀扶，一边有人倒毡，新媳妇脚不沾地，在喜歌的引领下，一步步向前，念喜歌的又唱道：“好！好一脚莲花步。贵人牵着新人手，代（袋）代相传往前走。走一步一帆风顺，走两步夫妻两贤，走三步三元及第，走四步四季赚钱，走五步五谷丰登，走六步六合团圆，走七步麒麟送子，走八步过海八仙，走九步九九长寿，走十步十美十全。”

进了喜房，喜歌再次唱起，这次念唱，多是夸奖一番新房布置，或者新媳妇的嫁妆，唱喜歌的在唱之前仍旧叫一声“好”，接着唱道：

"好一套新嫁妆。一进喜房举目望，新媳妇陪送的好嫁妆。喜鹊登梅炕围子，鸳鸯戏水门帘上，被子本是印花布，石榴结子日月长，丹凤朝阳红帷帐，一对金钩像月亮，绣花枕头描漆盒，'里三''外三'摆满房。"

新人"坐床"后，闹喜房的拥满一屋，念喜歌的通常赶紧收住，接着又唱："好！好一屋喜气。新媳妇，坐上炕，亲朋好友齐围上，三天以内没大小，欢欢喜喜来闹房，恭贺喜事大团圆，外边酒席早摆上。"

出了喜房，念喜歌的对院内贺喜的人，也要唱念一番，先叫一声"好"，接着念："好一群贵客到。南来的阁老宰相，北来的御路天官，东来的文武大臣，西来的登科状元，地上的亲朋好友，天上的各路神仙……"

唱罢来宾，再唱主人的盛情："好！好一桌酒席。厨掌们，听我言，煎炒烹炸蒸溜汆。宾客们，到客堂，山珍海味全摆上。主家敬茶又敬烟，帮忙的赶快把酒端……"

婚礼接近尾声，喜歌也接近了尾声，但念喜歌的往往还要通过歌词客套几句，他们会又唱道："兄弟爷们别见笑，姊妹娘们莫羞臊，这回喜歌没念好，本来就是图热闹。这回喜歌没念全，客人主家多包涵，众人捧场叫个好，喜事花好月儿圆。"唱到此，喜歌戛然而止，如果唱得好，就在一片喝彩叫好声中结束了。

从刚才对念喜歌的叙述来看，念喜歌有个习俗或惯例，通常在念之前，念喜歌的总要先扯开嗓子大喊一声"好"，这是为了聚集人气，活跃气氛的。一般念唱歌的叫"好"后，来宾贺客、围观人群都会高声应和，齐声叫好，现场气氛、情绪一下子被调动起来。再加上热情的唱词、丰富的内容，甚至是数来宝式的表演，一阵阵的念喜歌声，使得现场气氛火爆、热烈，最终达到喜庆的高潮。

# 四、文武财神

“财”也是五福之一，人人皆希望发财，这种求发财的共同心理，其外在载体，就是财神。

1. 财神的产生

财神是掌管财富、生财聚财之神，是古代我国某些阶层、某些行业极为重要的崇拜对象，但其出现的年代并不算久远，最早可追溯到宋代。民众对财神的信仰十分繁杂，首先，财神并非单指一个“神”，而是指一群“神”，民众造就了众多的财神爷，大致将他们分为两大阵营，即正财神和偏财神。正财神又可分为两大类型，即文财神和武财神。文财神实际上多来自文官，其中，民众最为信奉的文财神是比干和范蠡。武财神是指赵公明和关羽，而又以赵公明香火最盛。除了以上正财神外，还有所谓的偏财神，即所谓的五路神。财神分偏正，民俗认为，偏财神是专司发横财的财神，也就是说，偏财神是引导人们走旁门左道的财神，而正财神恰恰相反，是指引人们走正路的财神。需要注意的是，文武财神之外，还有佛教系统财神，如多宝天王、宝藏神等。民间还有不是财神但与财密切相关的一些神祇。财神越多，越反映出人们求财致富心情的迫切，对财神越崇拜，越反映出人们发财富有的吉祥渴求心态。

人们发财求财的吉祥心理，寄托于神灵来实现，就产生了财神，这是财神产生的心理根源。历史车轮已碾过数千载，英雄人物辈出，为何单单选择赵公明、关羽、比干、范蠡等人作为财神的化身呢？显然，除了心理根源外，这些人被选中成了财神，还与人物传说有关。

文财神之一比干，自幼头脑敏锐，聪慧博学，又深明时势，具有较强的政治头脑。他十几岁参与政事，二十多岁担任少师，既是辅佐哥哥商王帝乙的重臣，又是扶助幼主侄儿帝辛的元老。比干有勇有谋，有胆有识，忠心耿耿，刚直不阿。纣王在位前十年，非常尊重和器重叔父比干，比干也尽心尽力辅佐侄儿，把国家治理得很好。随着国家的强盛，纣王开始在一片赞扬声中，沉迷于美酒女色。《史记·殷本纪》说纣王“好酒淫乐，嬖于妇人”。为了阻止忠良劝谏，纣王“重刑辟，有炮烙之法”，开始走向了荒淫无道、残害忠良的不归之路。比干对此看在眼里，急在心上，多次向纣王进言先王创业维艰，为政行仁爱民、修政行德之事，并通过讲述“太甲居桐宫三年，悔过自责，反善”的真实案例，希望纣王幡然醒悟，洗心易行，保住殷商基业。但纣王听了，不但不思悔改，而且还变本加厉，又大兴土木，扩建离宫别馆，造酒池肉林，极尽奢侈之能事。

纣王似走火入魔一般，在生活上极度挥霍，在政治上，也是一塌糊涂。他杀九侯，脯鄂侯，囚西伯，疏贤臣，亲小人，任用好利善谀的费仲和恶来，做尽倒行逆施之事，最终全国出现了“殷人弗亲，诸侯益疏”的局面。见此状况，比干忧心忡忡，多次劝谏，纣王皆置若罔闻，而且对比干也越来越反感。见纣王已无可救药，忠臣微子选择了逃走，太师箕子佯狂为奴，比干于是决定实行强谏，他说：“主过不谏非忠也，畏死不言非勇也。过则谏，不用则死，忠之至也。”为此，他一连三天犯颜直谏，纣王见状，就问：“何以自恃？”比干说：“修善行仁，以义自恃。”纣王已极不耐烦，并且心生杀机，愤怒地说：“吾闻圣人心有七窍，信诸？”随后将比干杀于摘星楼上，剖腹摘心。

比干虽遭横祸身亡，但是他心地纯正，坦荡无私，使得他威名远震，他的事迹也震动了天庭。民间盛传，比干被杀后，其精魂不散，英气直上天庭。玉帝褒其忠良正直，封为文财神，掌管天下财库，享受人间香火。

当然，民间的传言，反映了百姓的心声，百姓敬佩其人品，景仰其胆识。人们相信，比干一生为人坦荡，光明磊落，如果做财神的话，必定能做到公平无私，掌管好天下的财富，人们将财务交给他放心，于是就把他推为财神，并且把他正式归入神灵序列，给他树碑立传，供奉香火，以保佑人们大吉大利，发财致富。

另一位文财神是陶朱公范蠡，他是春秋战国时期杰出的政治家、思想家和谋略家，也是一位生财有道的大商家。其年少时，天资聪颖，有独虑之明，最初是楚国宛邑一介平民，因有宏才韬略，被越王勾践拜为士大夫。后来吴越争霸，越国在会稽山被吴国重兵围攻，被迫求和，称臣于吴国，勾践入吴为质。于是，范蠡与越王勾践作为俘虏，一同屈身伺候吴王夫差。越王勾践入吴期间，卧薪尝胆，常谋复国。被释回国后，勾践针对“吴王淫而好色”的弱点，与范蠡进行谋划，“得诸暨罗山卖薪女西施、郑旦”，并花费三年时间，教之以歌舞、步履、礼仪后，进献给吴王。吴王夫差见之大喜过望，在姑苏建造春宵宫，筑大池，池中备青龙舟，日与西施戏水，沉湎于此，不理朝政。而勾践在范蠡辅佐之下，励精图治，渐渐由弱变强，最终一雪会稽之耻，打败了吴国，成就霸业。

灭吴之后，越国君臣设宴庆功，群臣皆乐，唯独勾践面无喜色。范蠡察此微末，细细思量，体会到越王只可共患难，不可共欢乐，自思只有退隐才可以自保，于是下定决心离开勾践。当越王封赏功臣之时，才知范蠡早已远遁。范蠡临走前给其好友文种留书一封，信中说：“高鸟已散，良弓将藏；狡兔已尽，良犬就烹。夫越王为人，长颈鸟喙，鹰视狼步，可与共患难不可共处乐，子若不去，将害于子。”文种贪恋功名，未听范蠡之言。而范蠡明察秋毫，判断准确，果然，文种终为勾践所害。

范蠡功成身退，不辞而别后，更名鸱夷子皮，带领家属随从，驾扁舟，泛东海，来到齐国，在齐地海边开荒种地，因其勤奋治产，善于经营，很快就累金数万。齐人闻其贤，欲拜为相。范蠡闻之却叹息说：“居家则致千金，居官则致卿相，此布衣之极也。久受尊名，不祥。”范蠡归相印，将钱财尽数分给亲友乡邻，带着最贵重物品，又暗自离开了齐都，悄悄来到陶地。范蠡认为，陶地处天下之中，是交通要道，居此可致富，于是在此居住下来，并自称陶朱公。他在此地从事商业，过了几年，又聚财亿万，成为天下巨富。后来“陶朱公”也成为富人的代名词。

世人皆折服于陶朱公的经营智慧,经商之人无不以陶朱公为榜样,因此，有许多经营致富术假托于陶朱公名下，如“经商十八忌”：生意要勤快，切忌懒惰；价格要订明，切忌含糊；用度要节俭，切忌奢华；赊账要认人，切忌滥出；货物要面验，切忌滥入；出入要谨慎，切忌潦草；用人要方正，切忌歪邪；优劣要细分，切忌混淆；货物要修整，切忌散漫；期限要约定，切忌马虎；买卖要适时，切忌拖误；钱财要明慎，切忌糊涂；临事要尽责，切忌妄托；账目要稽查，切忌懒怠；接纳要谦和，切忌暴躁；立心要安静，切忌粗糙；说话要规矩，切忌浮躁等。商家经验十八忌，托名陶朱公所言，也足见民众对其经营能力的认可与崇拜。陶朱公不仅善经营，而且善于理财，又广散钱财，所以，民众将其推为财神理所当然。当然，对财神爷范蠡的祭祀和崇拜，也为人们能否吉祥发财提供了又一心理支撑和保证。

除了文财神外，民众还塑造了武财神。武财神之一赵公明，是道教俗神，民间奉之为招财进宝之神。赵公明是传说中的人物，历史上并无其人。传说中的赵公明，初为瘟神，是五位瘟神之一，专管散布瘟疫，夺取世人性命；又是八部鬼帅之一，经常带领鬼兵，周巡人间，做尽坏事。直到太上老君派张天师与其斗法，才终将其降服。道教根据这一传说，将其由恶神变为善神，并重新编撰其事迹。《三教源流搜神大全》中说，“赵公明乃秦时避世山中”，潜心修道，玉帝下旨，封他为神霄副帅。他受封后策役三界，巡察五方，提点九州，后又被封为直殿大将军、北极侍御史。张天师修炼仙丹，玉帝又派赵元帅守护丹炉，封他为正一玄坛元帅，永驻龙虎名山。赵公明神职有多种，能驱雷役电，呼风唤雨，除瘟剪疟，治病禳灾，讼冤伸抑，公平判案，而且还掌管公平买卖，使人宜利和合等。这些说法已使赵公明从最初的鬼帅瘟神，变得具有驱疫行善的神职了，而且，其掌管公平买卖的神职已使他具有向财神转化的可能。

赵公明成为真正的财神，与《封神演义》有关。在该书四十七、四十八回中，赵公明以峨眉山道人身份帮助商纣，姜子牙用巫祝之术，将赵公明杀死。后来，姜子牙封神，封赵公明为金龙如意正一龙虎玄坛真君，统率招宝天尊萧升、纳珍天尊曹宝、招财使者陈九公、利市仙官姚少司。赵公明的部下招宝神、纳珍神、招财神、利市神等都是各路财神，赵公明自然就成了统领天下各路财神的大财神，他被称为财神元帅。至此，赵公明成了真正广为流传的大财神，明清及以后，祭祀赵公明财神的香火越烧越旺，人人都希望这位财神给自己带来吉祥，带来发财的好运。

威名显赫、家喻户晓的关公，也是我国的武财神之一。关羽是正义的化身，据《三国演义》载，关羽在原籍因恶豪倚势凌人，遂杀恶豪，奔走江湖。后他与刘备、张飞“桃园三结义”，誓共生死，同举义兵，争雄天下。建安五年（200 年），曹操出兵大败刘备，擒住关羽，他非常敬重关羽的为人，遂拜为偏将军。后来，曹操知其无久留之意，便试图用金银珠宝、高官厚禄、良田美女收买他，但关羽丝毫不为金钱所动。当关羽得知刘备在袁绍处避难时，立即封金挂印，过五关斩六将，前去寻找刘备。后刘备自立为汉中王，封关羽为五虎大将之首。后来，曹操与司马懿设计，联孙权取荆州，刘备拜关羽为“前将军”，都督荆襄郡事，令取樊城。关羽分荆州之兵攻取樊城，不幸中吕蒙之计，痛失荆州，夜走麦城，兵败被擒，不屈而亡。

从关羽的生平记载来看，他是三国时一员虎将，为人极其忠义，侠肝义胆，戎马一生，终战死疆场。他与财富毫无关系，人们把他推为财神，似乎不在情理之中。实际上，民众将其纳入财神序列，自有道理。其一，关羽委身曹营，曹操为收其心，赏赐颇丰，而关羽“身在曹营心在汉”，始终不为所动，并且，关羽还长于算数，发明日清簿，把曹操赏赐之物，悉数登记，最后探得主公刘备下落后，“挂印封金，辞曹而去”，未取一物。其二，关羽一生光明磊落，坦坦荡荡，无私无畏，身上兼具了“仁、义、忠、信、智、勇”多种美德，受到民众广泛的崇拜与喜爱，世人尤其是商贾，极其敬佩关公的忠义，而这种诚信和忠义正是进行商品交易的前提和基础，因此，把关公封为财神，以此推行公正，维护商业正道，信义通商，以义生财，发财致富，是情理之中的。其三，关羽丹凤眼，卧蚕眉，赤面长髯，相貌堂堂，威风凛凛，其高大威猛、正义不可侵犯的形象，被国人认为可以辟邪镇宅，可以震慑商业中的欺诈勒索行为。这正是商家尊崇关羽为武财神的又一原因。其四，关公的“关”，与做官的“官”字谐音，于是，民间常把关公与文官装束的财神画在一起，祈愿官运亨通，又财源广进，实现功名与富贵集于一身的吉祥大运。

除了以上文武财神外，民间还有偏财神、富财神、准财神及邪财神之说。偏财神是相对于正财神而言的，也就是针对财神及他所在的神像位置而言。偏财神实际又指“五路神”，包括赵公明及他的四位义兄弟：东路财神招宝天尊萧升、西路财神纳珍天尊曹宝、南路财神招财使者陈九公、北路财神利市仙官姚少司。[1]

在偏财神中，又以利市仙官姚少司最受人们喜爱，民众对其喜欢的程度远超过其他偏财神，如在民间所供财神中，无论是赵公明，还是赐福天官，身边总要配以利市仙官。利市仙官之所以最受人们喜爱，与其来历关系密切。《封神演义》中利市仙官是赵公明之徒，后被姜子牙封为迎祥纳福之神。其“利市”含义有二：其一，做买卖时必须要得到利润，“利市仙官”中的“利”字暗含此意；其二，人们做生意都希望吉利和幸运，“利市仙官”中的“利”字也含有此意。在偏财神中，人们之所以信奉他，其寓意不言而喻，民众皆希望得利市财神的保佑，能大发利市、财源广进、吉祥如意。

在民间，还有一位“富财神”，即财帛星君，也极受欢迎。财帛星君是指银行界始祖、元末明初大富翁沈万三。传说他有个“聚宝盆”，可源源不断地生出金银。民间以天帝名义，将其封为“福财帛星君”，

---

① 参见冯骥才主编：《符号中国》，译林出版社，2015，第 265 页。

并给他手下配备“招财童子”“接引天官”二位助手。

在众多财神中，还有一位准财神，即刘海蟾。所谓准财神，即未能得到财神封号，但因为也能为人们带来一定财运，而且承担了部分财神职责，于是人们仍将其看作财神。刘海蟾，原名刘海，五代时燕山人，曾为辽朝进士。这样一个真实的凡人，能够踏入神仙序列，接受香火供奉，主要与他解去相印、喜欢论道等众多传说有关。五代时，刘守光成为燕王，刘海十六岁即中进士，后成为燕王丞相。刘海好谈玄论道，与道士交往甚密。一日，有个自称正阳子的道士造访，刘海以礼相待。道士向刘海索要鸡蛋十个，金钱十文，以每一文钱间隔一个鸡蛋，高高叠起成塔状。刘海惊道：“太险！”道士答道：“居荣禄，履忧患，丞相之危更甚于此！”道士借垒鸡蛋，向刘海暗示了他当前的处境，刘海虽处高位，但这高位并不稳当，就像叠垒的鸡蛋，随时都可能倒塌。刘海请教救险之策，道士笑而不答，只是拿起鸡蛋、金钱，掷之地上，扬长而去。道士的暗示令刘海极为触动，这是劝说他要拿得起、放得下，要像把鸡蛋、金钱掷于地上一样，放弃眼前的荣华富贵。刘海经过深思，决定按照道士所说，放弃高官厚禄。第二天，他就高挂相印，穿上道士服装，改名刘玄英，道号“海蟾子”，假装发狂而舞，出了燕国，远游秦川。后来他拜吕洞宾为师，得以成仙，云游于终南、太华山之间。两年后，道士暗示果然言中，燕王刘守光僭称大燕皇帝，被朝廷剿灭，遭诛灭九族之祸。后来，元世祖封刘海为“海蟾明悟弘道真君”，武宗皇帝也加封他为“海蟾明悟弘道纯佑帝君”。民间也以刘海蟾之名，又附会上众多传说，使刘海步入神仙家族。

与刘海相关的传说，最著名的当数刘海戏蟾。此传说至迟在北宋时就已产生，如北宋词人柳永在《巫山一段云》中曰：“贪看海蟾狂戏，不道九关齐闭。”以此可以推测，当时已有刘海戏蟾的戏曲。刘海戏蟾中的“戏”字，最初是一种巫术动作。刘海戏蟾指刘海除蟾祟之意，故他所到之处，蟾声消绝。但故事经过多次演变，“戏”之巫术驱邪意义逐渐消失，蟾也已不再是除祟对象，而变成施行法术的灵物。这一变化，使得这一传说成为喜剧，故明朝李日华在《六研斋笔记》中说：“……黄越石携来四仙古像……一为海蟾子，哆口蓬发，一蟾玉色者，戏踞其顶，手执一桃连花叶，鲜活如生。”其鲜活可爱的形象跃然纸上。

除刘海戏蟾故事外，民间还流传着刘海捉三足金蟾、刘海钓金蟾等传说。这些传说故事中都有蟾，而刘海又自称海蟾子，正因为如此，刘海才得以踏进仙人门槛，还由此成了准财神。因为刘海自称海蟾子，所以人们很自然地把他与蟾联系在了一起，而金蟾是民众信仰的灵物，有传说刘海以之为食，说明刘海生来并非凡人。又有传说刘海捉金蟾，是令金蟾吐金，施济天下穷人。金蟾因全身布满类似金钱的斑纹，被民众认为是能吞吐金钱的灵物，因此，蟾与金钱就联系到一起。民间传说刘海捉金蟾的方法奇特，他根据金蟾习性，以一串金钱引诱钓住金蟾，即“刘海戏金蟾，步步钓金钱”，由此，刘海与金钱沾上了边，并逐渐成为一位财神。这位财神以钓金蟾、金蟾吐金钱、金钱又撒布人间的循环方式，得到了人们的推崇和喜爱，并成为保佑人们吉祥发财的又一位神灵。

2. 祭财神

祈财心理，人所共之。寄希望于财神来发财，成为财神信仰的前提。财神信仰极为普遍，从信仰形式来看，主要有贴财神年画、供奉塑像，以及举行相应的民俗活动，如迎财神、接财神等。财神众多，其形象也非常多，有关财神的形象，往往以年画或塑像的形式加以体现。如人们常以文财神画像供奉，而文财神画像多为文官模样，头戴乌纱，容貌富态，五绺长髯，身着红袍，手持如意，足蹬元宝，或者有的文财神手持“天官赐福”诏书，给人以“增福财神”的心理安慰。

武财神赵公明，在年画中的形象为黑面虬髯，顶盔贯甲，手持钢鞭、金轮或元宝，下跨黑虎，故又称黑虎玄坛。也有画像是赵公明端坐于地的，在其神像周围还绘有金银珠宝、聚宝盆等，颇有财源滚滚、吉祥发财的寓意。还有的画像是在赵公明的周围，围有招财童子、聚宝盆、元宝、珍珠、珊瑚之类，以示财源滚滚，或者是神像周围被描绘上招财使者、进宝天尊、纳珍天尊和利市仙官四个部下，或是赵公明位居正中，进宝、纳珍、招财、利市分两边站立，画像上的赵公明，依然是戎装骑虎，一手执鞭，一手持宝。进宝则手捧元宝，纳珍则捧奇珍钵子，招财则手托青龙，利市则举一令旗，上书“宜利和合”，寓意买卖求财、公平合理、和气生财。由这些神明组合而成的年画，合称“五路财神”年画，或者称“财神赐福”“招财进宝”“开市大吉”年画等。年画寓意直白，表示路路通财，多渠道进财之意，这极大满足了人们祈求获得五方之财的吉祥心理。

准财神刘海蟾，在年画中出现的频率也比较高，尤其是刘海戏金蟾的形象，更是随处可见。在民间年画中，刘海蟾被刻画成胖小子模样，其形象是头发蓬松、额前垂发、天真无邪、欢天喜地、手舞足蹈、喜笑颜开、手舞钱串的顽童形象，他手握金钱做跳跃状，一只三足大金蟾叼着钱串在另一端，整个画面充满了喜庆、吉祥的意味。刘海戏金蟾画面，不仅被大量应用于年画，还经常被用于剪纸、枕被之中。

在年画中，比较常见的一个财神是富财神沈万三，此人在年画中的形象文雅非凡，白脸长须，左手执“如意”，右手执“聚宝盆”，画面上写着“招财进宝”，吉祥发财的寓意明显。

还有很多财神是以木版年画供奉的。这些画像多是锦衣玉带、冠冕朝靴、脸色白净、面带笑容的形象，非常适合堂室张挂，满足祈求家族世代发财吉祥的心理。

平面的年画画得再生动，也没有立体的塑像感觉真实。因此，满足人们发财愿望的立体塑像的数量难以计数。当然，同一财神，塑像形象与年画大致相同。武财神赵公明的塑像与年画中形象几乎无二，文财神也是如此。

为了发财，还要把年画挂起来，或者贴起来，能天天看到财神，保佑全家发财。贴财神不能乱贴，是有讲究的，如旧时苏北张家港一带贴财神，可由外人来贴，贴时要口中念念有词，其词曰：“财神贴得高，主家又蒸馒头又蒸糕；财神贴得低，主家开年好福气；财神贴得勿高勿低，主人家里钱铺地。”主家则答曰：“靠富。”一唱一和，道出了主家吉祥发财的愿望。

塑像也好，年画也罢，都是人们信仰、祭祀的感应物，是崇拜祭奠的信物，有此信物才能对其膜拜，祈求保佑发财，吉祥如意。膜拜的过程、环节、禁忌等就构成了财神信仰习俗，这些习俗礼仪既是发财吉祥心理的体现，又是祭祀心理的寄托。一般来说，这些祭祀礼仪主要有供奉财神、迎财神、拜财神等。

旧时供奉财神形式很多，或是日常供奉，或是迎接财神后进行供奉；或是在家里供奉，或是在店里供奉，或是在庙里供奉。财神供奉形式不仅多样，而且习俗也有讲究，如对关公的供奉，一般分红衣和绿衣两种，红衣关公可放在家中供奉，以保家宅平安。而绿衣关公则常供奉于店铺，以看店生财。无论红衣还是绿衣关公，在供奉时，都要注意神像不可以向东，供台要经常打扫，四季供奉，只有这样，才能财源广进，财运兴隆。

对于武财神的供奉，在方位和朝向上也有一定规矩，无论是关公还是赵公明，都必须面向大门屋外，一定不可以朝内，据说这是为镇压群邪，使邪魔不敢入宅侵犯。另外，供奉武财神时，要特别注意不能将两位武财神同时供奉。供奉武财神所用祭品的容器，一定要用瓷制的等。供奉文财神也有不少讲究，如文财神要常常放在近门处左右的位置，供奉时以当面向着自己屋内为宜，当然，文财神也不能与几位财神爷同放一起供奉。迷信说法认为，这些讲究或禁忌若不遵守的话，不仅不会带来财运，还可能带来不祥之兆。

为了生财有道，大发财运，民间还衍生出了迎接财神的民俗活动。商家店铺迎财神的时间多在正月初五。按照旧时惯例，这一天，各商店开市，为图发财的好兆头，各店抢着迎财神进门。实际上，为抢先迎到财神，很多商家往往早在初四晚就举行迎神仪式。迎财神供品要格外隆重，一般要摆上三桌供品，摆放位置要从店堂外，一直摆到里面。每桌供品也都有讲究，第一桌摆果物，摆放水果各有说法，如广橘，象征生意门路广；蜜橘，象征生活甜蜜；福橘，象征福星高照等。第二桌摆糕点，也各有讲究，如摆放年糕，象征年年发财，一年比一年利润高。第三桌摆菜品，如全鸡、全鸭、全鱼等，之所以用全物，是象征着圆满富裕之意。同时，还要盛一大钵饭，饭上插根大葱，葱管内再插一枝千年红，寓意“兴冲冲，年年红”，象征着店里的生意年年红火，年年发财。

迎财神除供品选择有讲究外,其迎接仪式也十分讲究。一般来说，为了尽收天下之财，商家通常迎接五路财神。迎财神仪式必须由店老板亲自主持，店老板手持香烛，分别到东西南北中五方迎接，每迎一方财神，就燃放一次鞭炮，五位财神都迎接之后，便挂起用木板刻印的五个神像，点燃香烛，然后由老板率众店员行拜祭礼。拜毕，将神像捧到店门口焚化。然后，老板要摆酒与众店员庆祝开门营业，这称为“开头盘”，寓意开市大吉。迎财神仪式结束后，商家如同吃了定心丸，从心理上相信财神会保佑一年生意兴隆、财源滚滚、财运亨通。

发财是人们共同的心愿，寻常人家也有接财神、祈求一年发财的习俗。如在除夕夜，全家人团团圆圆围坐在一起，一定要吃饺子，因为饺子象征财神爷给的元宝，吃罢饺子并不睡觉，而是彻夜不眠接财神。所谓接财神，实际是接财神像。旧时，一些贫寒子弟或街头小贩往往会低价买一些财神像，然后在除夕夜穿街走巷，挨门挨户叫卖：“送财神来喽！”户主绝不能说“不要”，要很客气地说：“劳您驾，快接进来。”然后使几个铜子买一张财神像。如果户主家里很穷，也得赏那人一个黏豆包，换回一张财神像，否则，财神接不到，预示一年不吉利。有时，有的人家一个除夕夜能接到十几张“财神”。这些财神像多是印刷而成，中间为财神捻须图，两旁写着“添丁进财”“祈求平安”等吉祥词语。当然，如果就质量而言，这些画像属于粗制滥造之类。虽然如此，户主还是希望多接些这样的财神，一是便宜，二是民俗认为，接到的财神越多越吉利，表示“财神到家，越过越发”。

除了迎财神民俗外，还有祭财神习俗，如普通人家通常在春节时祭财神，当然，祭祀时间因地而异。有的祭祀时间是在除夕夜。财神像要提前买，通常在新年临近时购买。购买是有讲究的，如人们买财神像不能说买，而必须说请财神。人们将买来的财神像，挂于中堂，在除夕夜举行祭拜。祭拜时，要在神像前点燃香烛，摆上供品，行祭拜礼时要祷告："香红灯明，尊神驾临。体察苦难，赐福万姓。穷魔远离，财运亨通。日积月累，金满门庭。"

除了"迎财神"，有些地方还有"送财神"风俗，如送五路财神，每逢初五之日，有些地方以"跳财神"形式来送财神。其形式多是贫民乞丐三五结伙，戴起面具，扮成财神，每到店家门口就跳，按惯例，店家必须当场送上钱币酬谢，否则，这帮送财神者就在店铺前跳个不停。因此，店家都会破费一点钱财，送给跳财神者，以图一年的吉利、发财。

# 第四章　其他礼俗与吉祥

民间老礼礼俗有许多，如称谓礼、宴饮礼、祝贺礼、探望礼、交际礼等。老礼礼俗中，同样透射出诸多吉祥因素。

人与人之间的交往，要遵循一定的社会规范和道德规范，这些规范就是交往的礼仪。交际礼仪是人们一生中常用的日常礼仪。

我国交际礼仪源远流长，原始社会人与人之间的交际，最初用表情、动作、语言体现，进入到奴隶社会，交际礼已正式形成且不断完善，并以跪拜礼为代表。辛亥革命后，以握手、点头、鞠躬或行举手礼为主的新型交际礼仪成为主流。

## 一、交际礼俗

交际礼仪主要包括相见礼、迎送礼、宴席礼、探望礼、陪礼、酬谢礼、祝贺礼等。

1. 相见礼俗花样繁多

人与人相见表示见面之情是人之常理。长期以来，传统的相见礼以跪拜礼为主，跪拜礼有很多种，如稽首、顿首、空首、振动、吉拜、凶拜、奇拜、褒拜、肃拜等。

汉族旧时最常见的见面礼是揖礼和抱拳揖礼。揖礼，多是同辈日常见面的别离之礼，作揖时，人要身体肃立，双手抱拳，左手在上，手心向下，从胸前向外平推，俯身三十度。抱拳揖礼，源于古代军礼，行军礼时右手抱武器，左手抱在握住武器的右手背上。抱拳揖礼流行于周朝初期，盛行于明清民国，标准动作是左脚上前一步，右脚跟上，并步同时，两手环抱胸前，右手握拳并掩右拳相抱。抱拳礼与拱手礼应有所区别，拱手礼是右手在内，左手在外，两手合抱于胸前，就是两手稍弯相叠于胸前，或者偏上，形成一个拱形。拱手礼古今常用，主要用于祝贺拜年等相见场合。

2. 登门造访多讲究礼数

拜访礼俗由来已久，旧时，登门造访士大夫，要先投名片。早期名片是用竹木制的，称之为谒、刺等，故拜访又称拜谒。至于平民，不需递名片，但也必须行敲门之礼，主人开门后，方可入内。不管是拜访士大夫，还是平民，都有一定的拜访忌讳，即登门做客，不得穿草鞋进入他人屋内，否则被误认为身戴重孝；进他人屋内后，不得打伞或戴斗笠，民俗认为，这样做预兆该房屋易漏雨等。

客人登门造访后，就要注意接待礼俗。我国素有好客的习俗，家里来了客人，被看成是大喜事。客人入门之后，就被待以“嘉宾”“贵宾”“上宾”的礼遇。家里就像迎接神仙一样，开始忙里忙外，虽然忙活，但心里却非常高兴。主人高高兴兴，客人备受礼遇，其乐融融的待客习俗中，折射出众多的吉祥含义。

按照习俗，来宾登门造访前，多要提前与主人打招呼。主人接到通知后，首先要行迎客礼，其礼俗内容就是洒扫庭院内外、整理零散物品、拭去家具灰尘等。目的很明确，让客人一进门就对家留下个干净整洁的印象，感受到一个舒适清新的环境，又充分显示了主人对客人的尊敬与重视。客人到家门口时，按旧俗，家里的仆人要双手拿着扫帚，躬身于门前迎接，其寓意不言而明，向客人汇报“家中已打扫干净，欢迎您大驾光临”之义，这就是“拥彗”之礼。如果来客特别尊贵，仅行“拥彗”之礼还不够，还要到郊外迎接，要行“郊迎”之礼。行该礼时，要不失时机地说一些吉祥敬语，如“有屈尊驾，在下恭候多时”，以表主人万分尊敬、仰慕之情。

客人落座，主人要先行敬茶习俗。敬茶习俗由来已久，地域不同，习俗内容也不同。此俗除了体现对客人尊敬的心情外，还充分表达了自己的吉祥祝福和渴盼。

江南一带流行敬元宝茶习俗。此习俗吉祥的寓意更是明显。每逢春节，从农历正月初一至初五，至亲好友互相走访拜年、道贺。主人家纷纷敬献元宝茶，既表新春快乐，又表尊敬客人之情。敬献的元宝茶中通常会有两颗青橄榄或金橘，这是取其寓意，青茶一杯下肚，宾主双方皆新春吉祥，大吉大利，平安幸福。

待客习俗最后一环，是送客习俗。客人告辞时，主人应婉言相留，客人起身告辞时，主人要立即起来相送。送客时，主人要送出门外，与客人亲切道别，若是年老的长辈或极尊贵的客人，还要远送，以示极为尊重。这一习俗所体现的吉祥寓意主要是宾客双方道别的话语，双方互道珍重，主人祝客人一路平安或一路顺风，并欢迎客人常来。

需要注意的是，旧时习俗认为，并不是所有日子都适合接待客人。为了吉利，在某些地方的某些特定日子，不能接待客人。如广州汕头认为每年的农历六月初六、正月初七这两天就不能接待客人，他们认为，六月六是“鬼日”，正月初七这一天，又是一年里的第一个“七”，即“头七”，而“头七”又是人死后的第七天，按照习俗，死者家属在“头七”这天，要“戴孝”向死者致哀。所以，这两天都是不能接待客人的，否则便不吉利。

## 二、宴饮礼俗

宴饮起源于古代祭祀仪式。殷商时代，祭祀频繁，祭祀后将祭品分给大家吃掉，这便是宴饮雏形。周代时，宴饮从祭仪中分离出来，并有了专门的礼仪规范。宴饮名目很多，除了待客需要宴饮外，还有诸如庆贺宴、生子宴、升迁宴、祝寿宴等。不论何种类型的宴饮，都有宴会交际的礼俗，这一礼俗中，也有一些与吉祥有关的内容。

首先，从碗筷、食物摆放及刀具的处理上，都有相应的禁忌或吉凶规定。如福建漳州，在开席前，筷子要放在碗的右边，筷头朝座位，忌倒过来放，也忌将一双筷子分摆在碗的两边。在冷盘中，要有一盘白斩鸡，这是以鸡兆吉的习俗。白斩鸡应放在上座面前，鸡头对着上座。宴席上所准备的食物，事先都要切割好，不能留待客人自行切割，更不许在席上放置刀器，礼俗认为席上见刀是凶兆。

宴饮时吃饭菜礼仪也有忌讳或讲究。如福建漳州，用餐时忌用筷子在盘中翻动菜肴，挑肥拣瘦；忌将食物夹住后又放回盘内；忌夹菜时让汤汁滴在桌上；忌手持筷子时目光久盯菜肴；进食时不得把骨头扔到地上让馋狗相争，也不得在席中叱狗；在筵席中不得公然剔牙，不得打嗝，戴孝不得吐唾，不得将碗、盘翻覆在席上。特别是在上整条鱼时，不得将鱼头和鱼尾吃光，习俗认为要“有头有尾，留有余地”。而且，旧时喜宴上的鱼只能吃一面，忌翻到另一面，以免预兆喜事翻成坏事。这一习俗流传甚广，但各地又有差异。如在山东吃鱼时，允许吃完一面，再吃另一面，但也不能说翻过来吃，而是必须说“顺”过来或“正”过来。渔民认为，“翻”与“翻船”是同音同义，故十分忌讳此字。而在广东沿海的一些居民，不但吃鱼十分忌讳“翻”字，而且在吃鱼时还必须按顺序吃，吃了上面再吃下面，吃下面时，须将整条鱼的鱼骨拉开，或将鱼下面的鱼肉剔出，不能将整条鱼翻转过来。他们不但忌讳“翻”字，甚至对翻转的动作，也十分忌讳。这一习俗，还延伸到了生活中的其他方面，如人们在饭桌上摆放碗匙，也必须都是正放，不能反着放，反与“翻”谐音。如果有人不慎将碗匙反放，渔民发觉后，就会马上将其放正，并立即到船舱外面或门外对天作揖，口中念念有词，请求天公保佑。

其次，从宴会性质来看，多是喜宴从丰，丧宴从简。而且，菜肴的数量与规格也有不同，有十二道、二十道、二十四道或三十六道不等。从上菜顺序和原则来看，

宴饮礼俗图

也有吉祥寓意和说法。一般先是凉菜、再是热菜，然后是汤菜，最后是甜汤，最后一道菜之所以为甜汤，吉祥寓意十分明显——圆满甜美，但丧宴有所例外。

当然，不同的地方，上菜的顺序也不同，表达的吉祥含义也有异。如陕西汉中地区，正菜开始前，要先上四盘干果、一盘瓜子，表示四时春色和瓜果丰登之意。正席第一道菜，要求必须上“红肉”，就是这道菜无论是什么肉，或者怎么做，只要是红色即可，表示鸿宴满堂之意。第二道菜，要上“全家福”，表达合家团聚、幸福同享的含义。第三道菜，要上八宝饭或八宝羹，主料为糯米、百合、白果、红枣、莲子、水晶等，各有吉祥含义，如红枣、莲子表示早生贵子，百合是指百年好合，白果有白头到老之意等。第三道也可以上别的菜，但忌讳上炒的菜，因为“炒”与“吵架”的“吵”是同音，有不和谐之意。第三道菜之后，可随便上菜，最后一道菜为鱼，若确实没有鱼时，可做“假鱼”代之，也算鱼菜，有年年有余的祝福之意。

宴饮习俗中，体现吉祥意义最多的，则是菜本身，如菜名、菜的颜色、菜的形状、菜的味道等。

从菜名来看，有些是吉祥含义的直白表述。人们都希望自己能尽快升迁，故象征前程似锦的菜名“步步高升”应运而生。此菜做法并不复杂，就是用竹笋炒猪排骨。竹笋破土之后，生长很快，长势很旺，做官之人亦希望自己的仕途可以如这长势一般，官越做越大，升官之路越来越顺。这一菜名直接取自原料特点，表达吉祥的寓意。这种方法，运用得相当广泛，如婚宴中常用蜂蜜制作银耳果羹，蜂蜜味甜，口味浓郁纯正，故此菜名取作“甜甜蜜蜜”，以此祝福新人日后的生活甜甜蜜蜜。

还有些菜名，往往通过谐音表达吉祥含义。如一道用发菜做成的菜肴，名为“三世发财”，即取自三丝发菜羹的谐音。此菜原料主料为发菜、竹笋、香菇、胡萝卜，制作时先将笋、香菇、胡萝卜切成丝，再将三丝和发菜，煮开煨过，滤去水分，然后烹油起锅，烹入绍酒，加入三丝和发菜，用上汤熬煮，用生粉水勾芡而成。此菜的主料三丝，可谐音为“三世”，发菜谐音为“发财”，两组谐音组合起来就是吉祥菜名。发财是人们所追求的，故以发财谐音命名的菜肴也格外多，如用发菜和蚝豉为原料做成的“发财好市”菜也是如此。该菜做法稍微复杂一点，要将蚝豉先用温水泡半小时，泡开后，去掉蚝身上的裙边。再将发菜泡水，去掉发菜里包裹的杂物；然后把蚝肉放入到高汤里煮，煮时要放葱、姜、蒜、蚝油等调料，直至蚝肉入味；最后，放入发菜，出锅。此菜所用主料发菜，谐音为发财，蚝豉谐音为好市，组合成菜名，吉祥发财的寓意非常鲜明。当然，用地方方言的谐音命名菜肴的也不少。如连年大利，用莲子和猪舌制作而成，莲子谐音为连年，猪舌在广东方言中，被称为“猪俐”，寓意诸事大利。

吉祥菜名图

在菜肴命名上，还有一个习惯，即对一些常见原料，并不按常用名称呼，而是另外取一个俗名，组合成吉祥菜名，传达吉祥含义。如把豆芽称为“龙须”，给鸡蛋取美名曰“芙蓉”或“凤凰”，将鸡翅称作“华秀”或“凤翅”，将鸡爪呼为“凤爪”，给豆腐取美名曰“白玉”等。由这些原料和其他原料组合，最后形成众多的吉祥菜品。如用鸡翅、火腿和冬笋制作的菜肴，被称为“龙穿凤翼”，表达龙凤呈祥之意。又如“彩云飞凤”，是用火腿和鸽子制作而成，火腿之上品为云腿，鸽子也可称为凤凰，组合起来，成为吉祥菜名。这样的菜名还有很多，在粤菜中，常用“百花”“锦绣”“牡丹”“白玉”表示富贵美好的含义，因此，有很多原料，人们都不以常用名称呼之，而是命其他的名，如把花胶或虾胶,称之为“百花”,并由此制作出很多款吉祥菜肴,如“百花鱼肚”“江南百花鸡”“百花酿双菇”等。

吉祥是人们永恒的追求主题，表现在菜名上，更是如此。还有些菜名，既非取自原料本身的吉祥寓意，也非取自其自吉祥谐音，就是为了图个吉利而取吉祥之名。这样的取名虽然有些牵强，但更进一步说明了人们向往幸福、吉祥的迫切性。如有的饭店会把饺子、面条同煮一锅，取美名曰“金丝穿元宝”，体现了店家希望发财的心理。商家发财秘诀之一就是讲究和气生财，有的店家就把猪蹄、鸡、兔、羊等炖在一起，为之取名为“一团和气”。人们出于这种心理命名的菜肴很多，如用西芹炒百合，表示合家欢乐，由此取名为“合家欢”。更有甚者，有的店家以此法临时取吉祥菜名，表示吉祥寓意，如一年一度的高考期间，很多饭店为了迎合学生，将某些常见菜肴，临时赋予其与高考有关的菜名，预祝学生高考顺利。如将砂锅白肉临时取名为“一帆风顺”,将松鼠鱼取名为“鱼跃龙门”。这样的菜名还有很多，如“鹏程万里”“龙马精神”“金鸡报晓”“状元及第”“金榜题名”等，还有的店家干脆将这些菜的组合命名为“高考套餐”，以祝愿考生考出优异成绩。

不仅菜名可折射吉祥含义，菜的色、香、味、形同样可传达吉祥含义。如鲁菜传统菜肴四喜丸子，做法是用肥瘦猪肉、香菇、马蹄、海米、鸡蛋等作为主料，将肥瘦猪肉剁成米粒大小肉末，放在大碗中，再将香菇、马蹄、海米剁成末，与猪肉末拌在一起，再放入味精、水淀粉、料酒、精盐、酱油、葱姜末、香油，调和拌匀。然后，在五成热油内，将调好的肉馅分为四等份，捏成大丸子，沾上鸡蛋糊，放入锅内，炸成金黄色，捞出滤干余油。再加入猪油，烧热后放入高汤，又放入用味精、料酒、精盐、酱油、姜汁等调好的汁，烧开后撇去浮沫，再放入炸好的丸子，用微火炖一刻钟左右。最后将“福、禄、寿、喜”四个吉祥字，分别摆在相应的丸子上。此菜色泽金黄、质地软嫩、汤味香鲜、味道醇厚，吃起来热气腾腾，尤其适用于喜宴之上，更能调和喜庆气氛，传达喜庆吉祥之意，因此，四喜丸子这道菜又被称为“四喜临门”。

## 三、探望礼俗

探望礼俗包括的内容很多，逢年过节、婚丧嫁娶、迎送往来、生病遭灾、升官远行等，都需要探望或慰问。

按习俗，互相探望时，免不了要带些礼品，礼品的种类或数量常体现着吉祥意义，如有亲友久客返乡，或遭匪劫或因其他事故归来，应前去探望，并带童鸡、线面、红蛋等为其接风，称“脱草鞋”，意思是贺其平安归来，并祝其“转运”，否极泰来。但要注意不能送伞，因“伞”与“散”同音，送伞表示缘分尽了。民俗还认为，最好不要送手绢，因手绢常用于擦泪，是凶兆。

如果亲友跌倒或受伤，也应上门探望，去时应带一束线面、一个鸡蛋给受伤者“压惊”。若是小孩跌伤，则应送熟鸡蛋给小孩，称“滚出运”。

亲友或朋友生病时，也应前去探望，这一探望礼俗中，所体现的禁忌也较多。如旧时探病多带葛粉、线面和鸡蛋作为礼品，现在多带水果和营养品等。但在给病人送物品时，切忌送钟，民俗认为“送钟”与“送终”同音。

不仅如此，在探望病人时，时间上也很讲究，过去探病必须在上午，因为上午阳气上升，有利于病人身体好转；而午后阴气转盛，暮气渐浓，不利于病人恢复，是比较忌讳的。

探望病人，从语言上更要注意吉祥，要多说些吉祥之语，来安慰病人，使病人早日康复，注意不要说些影响病人情绪或不吉利的话，如与病人交谈中，切忌用“死”“完”等字。

## 四、祝贺礼俗

祝贺礼俗内容有很多，如贺年习俗、贺迁新居习俗、贺荣归故里习俗、贺商家开业习俗等。众多习俗中都有吉祥寓意。

贺年习俗由来已久，宋代时，大户人家常常遣仆人带“飞帖”去街坊邻居及亲朋好友处拜年。各家遵从习俗，皆于门前贴一红纸袋，仆人到各家门前，将飞帖投放到红纸袋内。红纸袋通常写上“接福”二字，寓意接到祝福之意。二十世纪八九十年代，每到元旦之前，写有祝愿新年快乐、恭喜发财、岁岁平安、吉祥如意、幸福安康、四季康顺等祝福语的贺卡、明信片等，如雪片般从邮局寄到人们的手中。此习俗应是古代互送飞帖，祝愿春节快乐吉祥的遗风遗韵。

贺卡图

除了用“飞帖”传递新春祝福外，贺年的人们外出相遇，也要互道新年快乐、恭喜发财、四季如意、吉祥如意、平安吉祥。这一习俗，大致从清代开始，后来又有新的发展，虽内容上无太大变化，但形式上有一定变化。清人艺兰生在《侧帽余谭》中说：“京师于岁首，例行团拜，以联年谊，以敦乡情。”这可以证明，此时，此俗已由个人贺年，发展到集体贺岁，俗称为“团拜”。

开业庆贺，也是传统习俗之一。旧俗凡新办厂家、商行、店铺开业之日，必定要庆贺一番。庆贺开业，主要来自两方面的吉祥心理：一是希望新开店铺商行，大吉大利，多多发财；二是向当地百姓官府乃至同行宣告开业，有广而告之的含义。基于此，旧时每逢开业，店铺商家多是通过鸣放鞭炮、张贴吉利的对联、悬挂写有祝福语的匾额、焚香祭祀财神等活动，进行大肆庆贺。庆贺活动中，还有店铺、商号、同行、亲朋、好友等赠送礼物的习俗。赠送的礼品多种多样，旧时除了赠送写有吉祥祝福语的牌匾、对联外，还有馈赠镜子、屏风甚至家私用具、招财进宝财神爷像的，以此表示馈赠者的吉祥祝福。如今，开业庆贺习俗的含义，与旧时基本一致，但庆贺活动和赠送礼品品种，都与旧时有着不同程度的差异。从庆贺活动来看，今天的开业庆贺仍然有贴对联、放鞭炮等习俗，不仅如此，还有如升放气球、赠送花篮、悬挂彩绸、放飞鸽子、充气球、鲜花铺地、文艺演出、花车游行等活动。这些庆贺活动，更加有效地突出了吉祥、祝福、招财、进宝等活动的主调。

庆贺开业的活动中，最直接体现吉祥寓意的是祝贺词。祝贺词是吉祥词语的汇总和集锦，主要集中于两方面：一方面是祝贺开业吉祥、顺利开业；另一方面是祝贺开业后生意兴隆、发展顺利。祝贺顺利开业、吉祥开业的词语非常多，如敬贺开张、并祝吉祥、鸿基始创、骏业日新、吉祥开业、大富启源、开业之喜、生意兴旺、吉祥开业、生意兴隆等。祝贺开业后生意兴隆的词语也很多，如宏图大展、裕业有孚、大展宏图、鸿运高照、财源滚滚、如日中天等。还有很多采用对联形式，或排比形式，如“昌期开景运，泰象启阳春”；“生意春前草，财源雨后泉”；“生意如同春意满，财源更比流水长”；“生意似春笋，财源如春潮”等等。这些对联是对仗语句，本身就具有很强的气势，从祝贺者口中诵出，更增加了祝贺的吉祥热烈气氛。

在南北方很多地区，还盛行砌房造屋上梁时也要庆贺一番。每逢上梁之时，要首先在梁上用红纸贴上“吉星高照”“紫气东来”等吉祥词语，或者在柱子上贴“竖柱喜逢黄道日，上梁正遇紫微星”的对联吉语。同时，上梁之时，各色鞭炮齐鸣，滚滚烟雾直冲云霄，将喜洋洋的上梁气氛尽情烘托。是日，主家还会大办酒宴，宴请工匠及宾客，工匠们多日的劳累一扫而光，在觥筹交错、吆三喝四中，将上梁的喜庆气氛推到了极致。上梁仪式发展至今，已越来越呈简化趋势，很多地方，只是放放鞭炮，听听声音，喜庆吉祥的气氛已远不如从前。

房子建好后，接下来就是乔迁新居了。乔迁新居是人生一大喜事，因此，要大肆庆贺一番。搬进新居，称为乔迁，大概与《诗经·小雅·伐木》中的“伐木丁丁，鸟鸣嘤嘤，出自幽谷，迁于乔木”有关，此句是说小鸟飞出深谷登上高大的乔木，以此比喻人的居所有所改变，步步高升。乔迁新居之礼俗传播久远，其庆贺方式多为乔迁食礼，即温锅或温居习俗。温锅又称“暖房”“烧炕”“添囤”，各地温锅习俗总体形式上大体一致。亲朋好友、街坊邻居等都携带着礼品去新家认门并表示庆贺，主人设宴款待祝贺者，主宾双方品评新居，憧憬未来幸福生活，既其乐融融，又增进了友谊。

温锅的吉祥含义，主要体现在送给主人的礼物上，送给主人的礼物又因地区差异而不同，吉祥含义也由此不同。如泰安地区，前来温锅的多是亲友邻居，所带礼品有鸡、鱼、肉、酒等食物，或者是匾联、镜子、炊具、茶具等日常生活用具，或者是一对公鸡、两条大鲤鱼、两斤豆腐、两斤豆芽等。这些庆贺乔迁的礼品，因其谐音，各有其象征意义：鸡象征喜庆吉利、大吉大利；鱼寓意年年有余；豆腐与“都富”谐音，意为发家致富；豆芽有生根发芽、生长之意。

还有一种乔迁新居的情况是儿媳与公婆、妯娌分家后迁入新居，此种情况下，送礼庆贺之人多是娘家人。如山东威海地区，娘家要带些面食前去庆贺，象征“蒸蒸发发”，表示日子蒸蒸日上，越过越好；或者是送盆、两把筷子，寓意“送聚宝盆”，搬入新居后“快快发家”。

按温锅惯例，主人设宴招待完客人后，主人在客人临走时，还要把糕、饼分给亲友，让其带回家，然后再分送邻居，象征着你发我发，大家都发。

温锅仪式在川东、湘西、鄂西土家族村寨的民俗称呼比较特别，土家族将迁居新屋仪式称为“贺火塘”。每当村寨中有新屋落成后，主人家要在鸡鸣时间，趁路上无人时，以火把引路，迅速将火塘上的三角架（此三角架传说是祖先神头角）搬进新屋，并准确安放到位，然后再搬其他物件进屋。一切妥当后，亲友乡邻开始鸣放鞭炮，送礼祝贺，并举行点火仪式。火焰腾空后，主人再忙着用鼎罐做饭做菜，众人要围着火塘，念诵吉祥祝词。祝词内容很多，有追溯火塘源流、颂扬神功的，也有讲述主人家世、赞美新居的，还有祝贺主人从此富贵荣华、儿孙满堂的，等等。

# 结语：吉祥与旅游



纵观吉祥文化，其内容丰富多彩，主要包括寿诞丧葬礼俗、婚姻礼俗、福禄喜财礼俗、交际礼俗等。换言之，婚、丧、寿、诞、福、禄、喜、财、吉、嘉、宾、军、凶、相见、拜访、宴饮、探望、祝贺等礼仪出现并流传，蕴含着丰富的吉祥内因，透射着吉祥的光环。这些礼仪出现并流传的核心原因，就是人们求顺求安、求富求财、求官求禄、求子求嗣，就是趋利避害、纳福迎祥的心性，也就是求吉祥的心理。从旅游角度讲，可以把这些礼俗，变成供游客欣赏、学习的资源和产品，以使游客在旅游休闲中，体味吉祥文化的魅力，感悟众多礼仪中折射出的吉祥文化。

吉祥文化的旅游开发，目前在旅游界开展得如火如荼，形成的产品类型多样。我们择其有代表性者，以向导的身份对其进行介绍，让读者进一步体会丰富博大的吉祥文化，体会民众对吉祥文化的热爱。

## 一、婚丧寿诞与旅游

寿、诞、婚、丧，再加上冠，是人一生中必须经历的礼仪。其中，婚俗文化特色独具，魅力独显，成为很多旅游景区开发人生礼仪旅游资源的首选。

### 1. 婚俗文化与旅游

婚俗文化旅游资源特点很多，总结起来，大致有以下三个方面的鲜明特点。一是婚俗文化内容极为丰富，其内容主要包括物质和精神两个方面。物质方面包括婚俗物品，如婚俗接亲工具、婚礼道具、婚礼乐器、婚俗服装、婚俗嫁妆、婚俗食品、婚礼喜帖喜帐喜联、婚礼天地桌、婚礼布置、婚恋之物、定情信物、定亲礼品、定婚酒宴等。

精神方面，主要包括婚俗制度、婚姻观念、婚恋观念及婚姻礼俗等。

婚姻文化内容有着强烈的吸引力，是婚俗文化旅游资源的又一个鲜明特点。这主要是婚俗的地域性差异造成的，各地因政治、经济、文化等方面的差异，造成了婚俗及婚俗行为的差异，使得原本就纷繁复杂的婚俗，更加具有多变性、神秘性、地方性、趣味性。因此，婚俗文化极易激发游客观赏和体验婚俗文化的欲望。

同时，婚俗文化又是十分具有活力的旅游资源。婚俗文化是与时俱进的，随着时代的发展，婚俗文化从“男女授受不亲”“听从父母之命”的封建包办婚姻，逐步跨入了自由婚姻、立法婚姻的门槛，婚俗文化的形式从纷繁复杂变化为当今的简约大方。这些变化，都使得婚俗文化成为最活跃的民俗文化旅游资源之一。

从婚俗旅游开发来看，其开发的产品类型主要有以下几种：一是就地取材，实体开发，这类开发是针对婚俗中众多物质文化资源而言的。如婚姻接亲工具就被开发为众多旅游项目，花轿是过去迎亲的主要工具之一，仅花轿就有四人轿、八人轿、十六人轿、八仙轿、骡轿等多种样式。景区内常见的是四人轿，所开发的旅游项目多为“抬轿子”。其实，其他轿子也比较容易开发成旅游项目，供游客体验。不仅如此，还可以开发让游客自行扎制花轿的旅游活动，此项活动要简便易行，用竹子、带靠背椅子、竹篦子、席子、两根长木等材料，让游客尽情发挥自己的聪明才智。

体验坐轿图

将婚姻礼仪作为旅游资源开发，也是婚俗文化旅游产品的重要内容，这类开发是针对婚俗中众多精神文化资源而言的。婚姻礼仪程序众多，又以六礼为基础和代表。六礼中比较适合开发、较容易开发的是拜堂礼仪,因此,众多景区都开发了此项旅游项目。如南方很多景区，为了增加游客的可参与性，往往先是搭建一个竹子绣楼，然后由工作人员扮作未嫁女子，向游客抛绣球，接到绣球的游客就被选定为新郎，接到景区寨子里，再进入寨里干栏式吊脚楼内，行跨马鞍礼、蹲福、跨炭火盆等礼仪后，由司仪主持拜天地、拜高堂、喝交杯酒、挑盖头等礼仪。这些礼仪皆由工作人员和游客合作完成，其乐融融，意趣盎然，很受游客喜爱。

将婚姻拜堂礼仪发展为集体婚礼形式的展示，也成为旅游者喜爱的旅游产品，这在很多景区都有展示，如滨海旅游区、森林草地旅游区、内湖旅游区等。目前的很多节庆活动，尤其是民俗婚庆或节庆活动，多以集体婚礼作为活动主打产品。集体婚礼首先是阵容强大，在大海边、草地上、森林里、湖水上、阳光下等处，一个个新娘穿着洁白的婚纱，或者穿着民族服装，分外夺目。在背景音乐的引导下，一对对新人按顺序走向红地毯，在司仪主持下举办婚礼。新人先宣读结婚证书，再致新婚祝词，又互饮交杯酒，再撒彩花纸屑。参与其中的人们陷入一片幸福的海洋中。更有参与者突然向观者撒下众多糖果。争抢糖果的场面，使得集体婚礼达到了高潮。最后还会举行一系列庆贺活动，如放大妻荷花灯、桥畔放鱼、夫妻同唱幸福歌等。集体婚礼

大理白族掐新娘图

以其场面宏大、幸福气氛浓厚、婚庆活动隆重的特点而给游客以较强的心理震撼。

现代婚纱摄影习俗的旅游展示，也是如此。一个个准新娘打扮得美如天仙，本身就是一道非常靓丽的风景，吸引着众多游客的眼球。

实际上,婚恋民俗也可开发成旅游产品。如佤族将谈恋爱称为“串姑娘”。小伙子十六七岁就开始串姑娘，串姑娘通常在晚上十点以后，姑娘或是独自睡觉，或是三五个聚在一起睡。小伙子串姑娘时，可单独去，也可以三五个一起去。串姑娘时，小伙子多是弹三弦，去时琴调急切，意为催促姑娘开门，返回时琴调悠扬，表示十分留恋姑娘。对于串姑娘的小伙子，姑娘不管中意与否，都要陪坐，否则会被认为失礼。若小伙子来串时，姑娘已入睡，可以将其叫醒。小伙子与姑娘见面后，通常会在火塘边互问长短，说说笑笑。若双方有情，姑娘要给小伙子梳头。梳头时，双方可窃窃私语，表达情意，并递送爱情信物。信物多种多样，如烟盒、梳子、头巾、钱、手镯、戒指、银纽扣等。经过多次串姑娘，若是小伙子认为姑娘可为终身伴侣，就会把姑娘的包头脱下,带回家交给父母。父母通过杀鸡问卜,吉卜则预示吉利,父母就同意这门亲事，否则这门亲事就会告吹。串姑娘习俗，完全可以开发成旅游产品,如可以将团队游客或散客中的未婚男女组织起来,进行“串姑娘”活动。男女游客通过串姑娘活动，可了解民俗，增进感情。为了增加活动娱乐性、趣味性，还可增加一些趣味项目，如可设计十份串姑娘地图等。男游客根据地图寻找，在寻找路上，设置一些路障，增加寻找的难度和乐趣。对找到姑娘者，姑娘可用舞蹈，或者歌曲,或者某些信物等赏赐小伙子,并与之谈笑。小伙子串完一处,可根据地图继续串姑娘，当天串姑娘最多者，选为串姑娘英雄，可被奖励免费参观景点一处。

从婚姻形式来看，抢婚形式最易进行旅游开发，成为旅游观赏产品。这一婚姻形式的开发又以表演为主。在很多景区或旅游目的地，多有代表该地民俗特色的文艺演出，抢婚通常是其演出的节目之一。

今后，也可将其开发成景区参与性项目，让游客参与抢婚活动。相信这一体验活动也能获得游客的青睐。

而与此相类似的婚姻习俗，如唱情歌、哭嫁歌、婚礼祝酒歌、初识歌、试探歌、结交歌、倾慕歌、赞美歌、迷恋歌、相思歌、别离歌、求爱歌、盼嫁歌、定情歌、盟誓歌、恩爱歌以及哭嫁、憋性、暖轿、泼轿、踩四角等，均可开发成游客观赏的节目，或者让游客参与其中，在参与中体会民俗风情，体会习俗的魅力与乐趣。

2. 长寿文化与旅游

随着养生科学的发展，以长寿文化为主题的旅游产品，目前呈现出越来越多的趋势。这是缘于人们共同的心理：人人都希望自己健康长寿。因此，以长寿习俗为内容进行开发的旅游产品，成为游客的新宠。以此开发的产品类型也多种多样，归纳起来主要有三类。一类是长寿寿星园。如江苏南通东方大寿星园，是以寿星习俗为主题的民俗公园。公园紧紧围绕着寿星、寿神，开发出了高达四十九米的东方大寿星铜像，又开发了长寿园、长寿路等景点及拜大寿星等旅游民俗活动。为了增加吸引力，公园还别出心裁地邀请了一些百岁老人，与游客进行零距离接触，畅谈长寿秘诀。同时，公园让众多老年文艺爱好者表演老年文艺、乐寿风筝等游乐节目，还为游客组织生命解密等活动。

但该地还有更大的长寿旅游商机。南通是长寿之乡，是我国长寿人口比例最高的城市，全市共有百岁以上老人六百多位，因此，该地的旅行社应设计好线路，组织游客从公园游玩后，再去南通市区与更多的长寿老人接触、交流，让游客进一步增加对长寿的感性认识，增加游客旅游的体验性。

寿文化博物馆也是长寿旅游可待开发的一种产品形式。博物馆旅游可使游客在游玩中，系统地了解长寿的知识，如长寿秘诀、长寿寿星、寿神、寿图、长寿故事、寿字文化、长寿礼仪及养生保健等。

长寿文化的旅游产品，还有一类是与自然地理相结合的，如海

青州云门山寿字图

南长寿谷和长寿衡山。海南南山长寿谷本是一个山区小村，该村以长寿村著称，该村八十九岁以上老人有八百人之多。长寿谷之所以长寿，主要得益于这里优越的地理环境。南山山清水秀，空气清新。长寿峡谷更是山高谷深，水流清澈，林木葱葱，鸟鸣不断。而且，南山之名又恰与“寿比南山”成语、寿比南山图重名，更增加了南山的神秘色彩。此处除了地理之便，还有人文之美，这里既有“无量寿佛”“流水尊者”“百岁阶”“贺寿堂”等景观，又有著名书法家启功先生所书“寿比南山”巨大石刻以及寿文化长廊内两幅石刻“福海寿山”“松鹤延年”，还有书法篆刻大师陈左黄老先生所题“大德必寿”等，这些都是寿文化旅游的瑰宝。

五岳之一的南岳衡山，现在也主打长寿文化旅游品牌，这与其丰富的长寿文化有关。南岳寿文化源远流长，早在《星经》《天象赋》《步天歌》《白莲集》等古籍文献中，就有南岳即“寿岳”记载。自宋徽宗在南岳留下“寿岳”石刻后，“寿岳”之名更著称于世。到了清代，《重修南岳庙碑记》中记载康熙帝再度钦定南岳为“寿岳”。由此，南岳衡山又添寿文化旅游的重彩。为进一步打造寿文化名山，南岳衡山已成功打造“中国健康旅游第一山”的文化节。文化节的成功举办，使得本身就已声名显赫的衡山，更添魅力。游客更是纷至沓来。

## 二、福禄喜财与旅游

福、禄、喜、财是古今中外人们的共同追求。与之相关的旅游开发，无疑顺应了人们的这种心理。

1. 福文化与旅游

以福神作为旅游资源开发成的旅游产品，近年来越来越多，这些旅游产品多体现在景区摸福活动上。如广州市丹水坑风景区十八福地内，创造性地雕刻了十八个福字、八只蝙蝠、一个缘字。游客进入该旅游区的十八福地，要仔细寻找，最后要摸齐十八个福字、八只蝙蝠及缘字后，才算有福之人。

这种摸福活动很是普遍，如深圳宝安区福永街道万福广场南端万福壁，就是一处大型摸福活动场地。这座壁长约一百三十米，高约五点六七米，壁面由八千八百三十三块紫砂陶拼接成万个福字。福字形态各异，运用字体多种多样，从早期象形文字到钟鼎文，再到隶、篆、草、行，给人感觉是福字的海洋。不仅很多福字字形各异，而且这里还是各种名人书写的福字的大汇合，如有古代帝王福字墨宝、魏晋大书法家王羲之书写的福字、宋徽宗的半个福字、清高宗赐给刘罗锅七十一岁生日贺礼的福字。这块壁，因辑录了世界上最多的福字，且又因是紫砂陶浮雕而成，被收录到《吉尼斯世界纪录大全》。万福壁现已成为全世界华人摸福的场所，游人纷纷前往，摩挲壁上各种特色福字，以求沾染福运、福气，以求福气临门。

还有的景区，在大殿处或佛堂偏角处，悬挂一福字，然后让游客自捂双眼，从墙角或靠墙处，一直向福字摸去，摸到福字者，象征摸到了福气。此项活动也颇受游客欢迎。还有很多景区，不是以摸福，而是以踩福形式的活动来增加对游客的吸引力。特别是以历史建筑为特色的景区，在建筑物的入口往往会有一组或几组用单色或多色石子组成的图案，图案往往由五只蝙蝠和中间的福字组合而成。按照习俗，游客要踩踩蝙蝠，而且一定要踩到福字，以求得五福临门。

2. 禄文化与旅游

高官厚禄，历来都是民众追捧的目标之一，由此形成的禄神信仰，如今也被开发成了旅游产品。如北京文昌帝君庙就具有代表性。

文昌帝君庙是北京“五坛八庙”之一，位于北城帽儿胡同，又被称作梓潼文昌庙，或文昌庙。该庙建于明成化年间，于清代嘉庆六年（1801 年）进行大修，现有山门、钟鼓楼、魁光殿、桂香殿、御碑亭以及关帝殿、财神殿、大悲殿等，总计大小殿堂楼屋八十九间。众多庙宇殿堂、禄神牌位为游客祭拜禄神提供了极大方便。

对文昌帝君旅游资源开发较好的是四川绵阳梓潼县七曲山大庙会。它将历史和现代元素相结合，不断渗透和增加民俗活动项目，如举办“寻根文昌祖庭，团聚七曲灵山”中秋祈福活动、“七曲中秋赏月夜”文艺晚会、“国庆七天乐，逍遥七曲游”活动、瘟祖祭祀、百车祭祀、七曲山大庙点长明灯、庙会敲吉祥鼓、燃心愿香、求吉祥信物、挂幸运红符、观文昌民俗、看特技表演、品帝乡小吃、览古柏圣境以及举办“魁星点斗金榜题名”祈愿主题活动等。

在众多旅游项目中，尤以文昌祭祀和文昌出巡最有特色。文昌祭祀，所用的洞经音乐对游客最有吸引力。洞经音乐是一种说唱体，采用散、韵结合、叙述与赞颂相交织的方式进行演出，用音乐歌舞的形式来宣传文昌。“文昌出巡”，也是文昌祭祀崇拜的重要内容。文昌出巡活动创立于清代中后期，每年正月十二是文昌出巡日。所谓“出巡”，就是人们把文昌及圣父、瘟祖从大山迎出，接到梓潼县城巡游七天，巡游期间，要由迎神仪仗队、护卫神灵的孝男善女，在梓潼县主要街道跟随游行。巡游时还要唱六天大戏，称为“唱文昌大戏”，最后再把文昌神送回山上。

魁星信仰旅游最突出的产品就是承德市的魁星楼，这是全国最大的供奉魁星的道观。该楼始建于清道光八年（1828 年），至今已近二百年。该楼主体建筑依山就势，颇具观赏价值。其中，龙门、中斗宫、荣仕殿、乐真殿、弘文殿、魁星楼等楼廊殿宇，气势宏伟，游客观之，无不被建筑的雄伟气势折服。除此之外，还有隐现其间的慧石名泉、临崖设置的铁锁栈道、半壁山巅的七星石灯坛等，都使魁星楼大为增色。

如今，魁星楼不仅是白天旅游的好去处，更是晚上观光赏夜的绝佳地点。每当夜幕降临，魁星楼万灯齐明，流光溢彩，游客在入夜时分，也可怀着景仰之情，祈神进香。同时，游客还可趁夜色朦胧之时，体验道教的神秘，更可观赏魁星专题歌舞，观看仙贤碑刻，还可以登上半壁之巅，临风远眺，一览承德全貌，观万家灯火，畅怀舒心，犹如来到人间仙境。

3. 喜文化与旅游

喜神是民间人们最喜欢的神仙之一，将其作为旅游资源进行开发的产品，主要有两类：一是做成旅游商品，如纳西族将喜神形象做成旅游商品出售。二是以庙会或民俗活动形式进行展现，成为游客观光的主导性旅游产品，在这方面以成都武侯祠内举办的喜神庙会、游喜神民俗旅游活动最具代表性。

成都武侯祠内举办的庙会，又常被称为大庙会。庙会在农历新年前后举办，内容丰富多彩，它以三国文化为背景，以诸葛武侯弩为依托，以喜神为核心，举办了众多传统民俗活动，并在其中渗透了诸多现代时尚元素，成为成都春节的“旅游大餐”。

首先是神弩射喜神庙门活动。为使此项旅游活动更具观赏性，更具民俗性，武侯祠内工作人员做了精心准备，仿照当年诸葛弩的设计，准备了数部弩机以及大量的礼炮等。庙会还未正式开始，民俗意味已十分浓厚，武侯祠门口博物馆园林区门前，各种表演队伍纷纷上阵，如腰鼓队、秧歌队、高跷队、舞狮队，还有各种杂要精彩表演队等，锣鼓猛敲，秧歌猛扭，狮子滚着绣球，精彩不断。

傍晚时分，游园活动命令一下，市领导按下弩机按钮，数部弩机朝着庙门齐齐发射，朱红大门徐徐开启，瞬间礼炮齐鸣，彩絮纷飞。

在阵阵缥缈烟雾中，由工作人员扮演的身着铠甲、手持长矛和盾牌、气宇轩昂的三国武士以及手持宫灯、温婉秀丽、婀娜多姿的蜀国宫女鱼贯而出，并迅速展开队形，列队欢迎前来游玩的游客。此时，礼炮焰火更加炽烈。至此，成都喜神大庙会正式开始。

其次，庙会现场有发喜神红包活动。庙会现场被工作人员布置成了一个灯的世界，数十组大型灯组以及数千盏花灯，将武侯祠园林区、锦里古街等装扮得五彩缤纷。灯上的上千条灯谜也深深吸引着游玩的游客。庙会还会为游客精心准备丰富的地方传统小吃，如肥肠粉、牛肉焦饼、三大炮……庙会中最具吸引力的当数公园内一个个装扮一新的喜神了。景区内的工作人员匠心独运，设计了一项游客非常喜爱的装喜神旅游活动。装扮喜神的不仅有中国人，也有外国人。他们打扮成一个个惹人喜爱的喜神，向游客赠送新春礼物，赠送红包。

此外，还有大年初一游喜神方活动。游喜神方，寓意喜神赐福、喜神降福、喜神送福。这项民俗活动已传承几百年。自清代始，成都人就在大年三十晚，或正月初一早上，到武侯祠烧香拜神，吃茶会友，以争烧第一炷香、能喝武侯祠早茶为最吉。

4. 财文化与旅游

财神信仰，较之福神、禄神、喜神信仰，更加普遍。因此，与之有关的旅游产品也更多。如号称“天下第一庙”的财神比干庙，就是财神文化旅游产品的代表。

殷太师比干庙，位于河南省卫辉市城北七公里处。现存比干庙建筑为明代弘治七年（1494 年）孝宗皇帝重建。主体建筑有照壁、山门、二门、木枋、碑廊、拜殿、大殿、石坊、墓碑亭等。在比干庙正南方，又有比干石雕像、神道、牌坊。环境幽雅，颇具旅游观赏价值。

比干庙院内更具旅游欣赏价值的，要数百余幢林立的碑碣。各色碑碣多颂扬比干“千金岂其吾珍兮”的爱国主义节操。众多碑碣中，又以北魏孝文帝拓跋宏“吊比干文”碑最具价值。因其集文学与书法于一体，颇具研究价值，成为石刻珍品，被列为河南省重点保护文物。

为此，游客纷纷慕名前来，观瞻碑林。

为进一步增加比干庙对游客的吸引力，比干庙所在城市卫辉市，自 1993 年以来，开始举办比干诞辰的纪念活动。活动期间，先后有多个国家和地区的数万名林氏后裔宗亲以及国内外游客，前来卫辉寻根问祖，旅游观光。通过寻根旅游的发展，比干庙的影响力进一步扩大。

比干庙内还有一块石碑，更是名扬海内，成为吸引游客的重要因素。据说此碑乃孔子用剑所刻，碑刻上书写有“殷比干莫”，即“殷比干墓”之意。孔子构思巧妙，因为碑下是土地，故孔子以“莫”代“墓”，暗含入土为安之意。

总之，数千年以来，吉祥文化具有长久不衰的生命力。人生礼仪中蕴含的吉祥文化，同样具有旺盛的生命力和传承力。当下，随着经济的发展、环境的改变，人们对吉祥传统文化的重视程度进一步加深。人生礼仪中蕴含的吉祥文化是宝贵的财富，其吉祥图案、吉祥符号、吉祥图腾、吉祥纹样、吉祥色彩、吉祥仪礼、吉祥仪式、吉祥主题、吉祥题材、吉祥寓意、吉祥思维、吉祥观念、吉祥心理、吉祥象征等众多吉祥文化的元素，已成为美术、设计、旅游、文化等诸多领域竞相汲取的灵感之源。

# 参考文献


[1] 吴自牧 . 梦粱录 [M]. 杭州：浙江人民出版社，1984.

[2] 胡朴安 . 中华全国风俗志 [M]. 石家庄：河北人民出版社，1986.

[3] 徐梦莘 . 三朝北盟会编 [M]. 上海：上海古籍出版社，1987.

[4] 高奇 . 走进中国民俗殿堂 [M]. 济南：山东大学出版社，2005.

[5] 齐涛 . 中国民俗通志 [M]. 济南：山东教育出版社，2005.

[6] 殷伟 . 中国寿文化 [M]. 昆明：云南人民出版社，2005.

[7] 张华 . 博物志 [M]. 重庆：重庆出版社，2007.

[8] 司马光 . 温公书仪 [M]. 扬州：广陵书社，2008.

[9] 钟敬文 . 民俗学概论 [M]. 上海：上海文艺出版社，2009.

[10] 孟元老 . 东京梦华录 [M]. 郑州：中州古籍出版社，2010.

[11] 张道一 . 吉祥文化论 [M]. 重庆：重庆大学出版社，2011.

# 后　记

此书写作已有数个年头。该书为“中华吉祥文化”丛书的一部。数年前，时任山东省社联主席的刘德龙先生就向山东民俗学会及山东民俗界同仁，提出编撰“中华吉祥文化”丛书的倡议。从倡议到商定撰写、从商定撰写到遴选各分卷撰稿人员、从遴选各分卷撰稿人员到选定出版社等一系列问题,确是于 2007 年 6 月上旬在潍坊举办的“中华吉祥文化与和谐社会构建”学术研讨会上正式确定的,从那时至今,算来已有数个年头了。

各分卷撰稿人员来自四面八方，平时难得齐聚。为此，刘德增先生于百忙之中，抽出一定时间，于齐鲁师范学院会议室内多次召集撰稿人员，针对编撰过程中的格式、注释、写作主题、学术规范、写作风格、章节篇幅等方面，进行研讨和修订。山大民俗研究所王加华先生，为丛书的出版更是费了不少的心血，跑前跑后，联系各分卷编撰人员，对书稿进行审核等。这些琐碎和细致的活儿，占用了他很多休息时间。

这部丛书的编写，不仅是民俗学界的盛事，更是民俗学会研究团体实力壮大的有力见证。各分卷编撰人员中，既有民俗前辈，也有民俗同仁与民俗“新人”。

刘德龙主席对丛书的写作风格，给予了明确指导：属于普及性读物，不能过于学术化，要雅俗共赏、图文并茂。本书从社会与个体两个层面，集中了展示了人生礼仪民俗的文化心理和礼仪观。本书图文并茂，图片部分，由自己拍摄了近 30 幅，其余图片，来自山东民俗学会会长张士闪教授。张教授将自己平时积累的家族的一些图片资料，非常慷慨地赠予我，我的感激之情胜于言表。山东艺术学院副教授、文学博士马致远先生，也非常热心地提供图片，在此一并致谢。

本书受到社科联各位领导的帮助和支持，对于很多给予帮助的老师和各位同仁，在此也一并表示感谢。人活着，要有精神追求。山东民俗学会，从一棵嫩芽，长成今天的参天树，靠的就是这种精神。这种精神，不仅使学会越来越壮大，更使得越来越多的人，加入这个团体中，写更多的书，做更有意义的事。

最后，本书疏漏之处，敬请指教。

红星

2012 年冬末春初

于泉城寒舍